国家自然科学基金项目（42201451）资助
中国博士后科学基金面上项目（2022M723379）资助
江苏省双创博士项目（JSSCBS20221523）资助
中央高校基本业务费项目（2022QN1058）资助
江苏省煤基温室气体减排与资源化利用重点实验室开放基金项目（2022KF05）资助

大数据支撑的
南海丝路海运交通分析与建模

闫兆进　程　亮　杨　慧　著

DASHUJU ZHICHENG DE
NANHAI SILU HAIYUN JIAOTONG FENXI YU JIANMO

中国矿业大学出版社
· 徐州 ·

内 容 提 要

本书针对利用船舶轨迹数据进行海运足迹建模与分析所面临的问题，构建了一套"船舶停留点和港口识别-船舶轨迹抽象-船舶轨迹载重建模-海运贸易网络分析"的船舶轨迹抽象与载重建模方法。顾及地理情景语义知识，基于活动理论挖掘和发现船舶在港口区域的停留信息，构建了船舶载重计算模型实现船舶每一行程轨迹载重量的计算，将海运贸易分析的研究细化到船舶行程轨迹尺度。以南海丝路区域为研究区，以船舶自动识别系统数据为船舶轨迹数据源，利用所提方法实现了南海丝路由微观至宏观、由点（船舶停留点）及线（船舶航线）再到面（海运贸易网络）的海运交通与海运贸易分析。

本书可供相关专业的研究人员借鉴、参考，也可供广大教师教学和学生学习使用。

图书在版编目（CIP）数据

大数据支撑的南海丝路海运交通分析与建模/闫兆进,程亮,杨慧著.—徐州：中国矿业大学出版社，2023.11

ISBN 978-7-5646-5887-8

Ⅰ.①大… Ⅱ.①闫… ②程… ③杨… Ⅲ.①南海—海上交通—交通分析②南海—海上交通—交通模型 Ⅳ.①U697.1

中国国家版本馆 CIP 数据核字（2023）第 131652 号

书　　名	大数据支撑的南海丝路海运交通分析与建模
著　　者	闫兆进　程　亮　杨　慧
责任编辑	何晓明　耿东锋
出版发行	中国矿业大学出版社有限责任公司
	（江苏省徐州市解放南路　邮编 221008）
营销热线	（0516）83885370　83884103
出版服务	（0516）83995789　83884920
网　　址	http://www.cumtp.com　E-mail:cumtpvip@cumtp.com
印　　刷	苏州市古得堡数码印刷有限公司
开　　本	787 mm×1092 mm　1/16　印张 10.75　字数 211 千字
版次印次	2023 年 11 月第 1 版　2023 年 11 月第 1 次印刷
定　　价	45.00 元

（图书出现印装质量问题，本社负责调换）

前　言

　　研究船舶活动足迹是海上态势感知、航行安全、航线设计、海运贸易分析等应用的基本保障。特别是"一带一路"倡议的提出,对南海丝路区域海运交通与海运贸易的感知和分析提出了更高要求。南海丝路区域不仅是我国对外经贸的黄金水道,更是能源进口的战略要道,研究其船舶轨迹尺度的海运足迹对于促进我国社会经济发展、推进国家战略、保障能源安全等具有重要的现实意义。船舶轨迹数据记录了船舶翔实的位置信息和运动信息,具有高时间分辨率和空间分辨率,为细粒度海运足迹的建模和分析提供了数据基础。

　　基于活动分析的方法以单船精细的活动轨迹为研究单元,通过对海量船舶轨迹的挖掘,实现对海运交通的知识发现。然而,现有方法在基于船舶轨迹的海运足迹建模与分析方面还存在诸多问题,具体表现为:① 船舶轨迹数据时空特征丰富但语义信息匮乏,而海运交通与海运贸易建模和分析需要高语义信息的船舶航行活动;② 仅依靠轨迹数据特征无法实现船舶行程轨迹通用划分,不利于轨迹分析与航线提取;③ 尚无完备方法实现船舶轨迹载重的计算,限制了船舶轨迹应用于海运贸易分析。

　　本书针对利用船舶轨迹数据进行海运足迹建模与分析所面临的问题,构建了一套"船舶停留点和港口识别-船舶轨迹抽象-船舶轨迹载重建模-海运贸易网络分析"的船舶轨迹抽象与载重建模方法。顾及地理情景语义知识,基于活动理论挖掘和发现船舶在港口区域的停留信息,构建了船舶载重计算模型实现船舶每一行程轨迹载重量的计算,将海运贸易分析的研究细化到船舶行程轨迹尺度。以南海丝路区域为研究区,以船舶自动识别系统(automatic identification system,AIS)数据为船舶轨迹数据源,利用所提方法实现了南海丝路由微观至宏观、由点(船舶停留点)及线(船舶航线)再到面(海运贸易网络)的海运交通与海运贸易分析。本书主要研究内容和结论如下:

(1) 地理知识约束的船舶停留点和港口识别研究

针对海量船舶轨迹数据时空特征丰富但语义特征匮乏不利于发现其隐含知识的问题,提出了一种地理知识约束的船舶停留点和港口识别方法。首先,在港口位于海岸线、港口附近的水深满足一定阈值、港口与道路相连、港口陆地区域多为不透水面、港口区域停靠有船舶等地理知识的约束下,挖掘船舶轨迹特征,实现了船舶在港口区域停留点的识别,船舶停留点识别的准确率为 0.94、召回率为 0.91,F_1 值为 0.92。其次,从轨迹特征、地理语义两方面选取平均速度、速度 85 分位数、速度标准差、平均加速度、加速度 85 分位数、加速度标准差、平均距离、距离 85 分位数、距离标准差、平均航行角度、航行角度 85 分位数、航行角度标准差、圆形度、与海岸线距离、停留时长等 15 个船舶停留方式分类特征,构建了基于随机森林的船舶停留方式分类模型,区分了船舶泊位停留和锚地停留两种停留方式,船舶停留方式分类的总体精度为 0.93、Kappa 系数为 0.87。最后,基于船舶停留方式分类后的船舶泊位停留生成港口泊位多边形,以港口泊位多边形聚类提取了南海丝路区域 1 050 个港口点位,准确率为 98.41%,港口提取结果包含了东山港、金门港、泉州港、莆田港、安平港、麦寮港、花莲港等 Natural Earth(自然地球,是一个公共领域地图数据集)港口点位数据中不包含的港口。相比于 Natural Earth 港口点位数据仅覆盖南海丝路区域的 166 个港口,提取的港口点位完整性大大增强。

(2) 南海丝路区域典型商船轨迹分析与航线提取研究

针对仅依靠轨迹数据特征无法实现船舶行程轨迹通用划分不利于轨迹分析与航线提取的问题,将船舶行程轨迹抽象为船舶停留特征点(停留点)与移动特征点(航路点)的组合,其中停留点为船舶在港口处停留轨迹段的特征点,航路点为船舶移动轨迹段中航行速度或航行角度发生明显变化的特征点,构建了"停留点→航路点→停留点"船舶行程轨迹抽象模型,实现了船舶行程轨迹的通用划分,并以船舶行程轨迹抽象模型为基础,基于图论理论进一步聚类海量船舶行程轨迹的停留点和航路点,提取表征船舶航线的航线点(停留航线点和航路航线点)并建立航线点连接矩阵,以海运交通图的形式生成了船舶航线。通过对南海丝路典型商船(集装箱船、散货船、油轮)轨迹分析发现,马六甲海峡至香港港的路线是集装箱船活动的热点路线,而不是散货船和油轮活动的热点路线;霍尔木兹海峡至坎德拉港的路线是油轮活动的热点路线,尽管坎德拉港也是集装箱船和散货船活动的热点区域,但该路线主要进行石油贸易。通过南海丝路商船航线的提取发现,提取航线与船舶交通高密度区域高度吻合,能够反映南海丝路区域真实的船舶交通航线。相较于现有航线数据,提取航线的细节更加丰富、结构更加完整。

(3) 南海丝路区域原油海运贸易分析研究

针对尚无完备方法实现船舶轨迹载重计算不利于船舶轨迹应用于海运贸易分析的问题,通过分析船舶行程轨迹起讫点处的吃水变化识别船舶在港口处的装卸行为,构建了船舶轨迹载重模型,获得了具有方向和载重量的船舶行程轨迹,并以此为最小研究单元,在复杂网络视角下构建了以港口为节点、港口间往来的船舶轨迹为边、船舶轨迹的方向为边的方向、船舶轨迹的载重量为边的权重的有向加权海运贸易网络,实现了船舶轨迹尺度的细粒度海运贸易分析，拓展了船舶轨迹数据在海运贸易分析中的应用。通过南海丝路原油海运贸易网络分析发现，该网络中任意两个港口之间最多通过3个中间港口就可实现原油贸易联系，具有小世界特性，网络中港口节点的连通度分布极其不均衡，极少数港口具有高连通度，大多数港口具有低连通度，表现出无标度特性。南海丝路原油海运贸易网络的重要性港口主要分为三类：重要原油枢纽港（新加坡港、石垣港）、重要原油出口港（富查伊拉港、朱拜勒港、科威特港、迪拜港、巴林港、布什尔港）和重要原油进口港（舟山港、坎德拉港、青岛港、釜山港、大连港、高雄港、营口港、连云港港、东京港、湛江港、天津港、林查班港）。南海丝路原油海运贸易网络具有较为明显的内部贸易社区，2017年形成了中东-南亚-东南亚-东亚社区、非洲-中东-南亚-东南亚-东亚社区、红海-中东-东南亚-中国社区、地中海-中东-日本社区等4个贸易社区。

本书是笔者通过近几年的教学和科研实践，并在广泛参阅了国内外有关论著之后编写而成的，深入研究了大数据挖掘相关的理论与方法在海运交通分析与建模中的应用。肖一嘉、杨广浩等参加了本书的部分编排工作。在此，向他们以及其他给予多方帮助的学者、同仁们表示诚挚的感谢。

由于水平有限和篇幅限制，加之大数据挖掘、交通分析与建模等发展极其迅速，本书远不足以全面、及时地反映该领域的最新成就，缺点、不足在所难免，恳请广大读者不吝指教。

著 者

2023 年 6 月

目　录

第 1 章　绪论 ……………………………………………………………… 1
　1.1　研究背景与意义 ………………………………………………… 1
　1.2　国内外研究进展 ………………………………………………… 4
　1.3　研究目标 ………………………………………………………… 18
　1.4　研究内容与技术路线 …………………………………………… 18
　1.5　本书组织架构 …………………………………………………… 20

第 2 章　研究区与数据 …………………………………………………… 22
　2.1　研究区概况 ……………………………………………………… 22
　2.2　数据资料 ………………………………………………………… 25
　2.3　AIS 数据预处理 ………………………………………………… 30

第 3 章　地理知识约束的船舶停留点与港口识别 …………………… 43
　3.1　顾及地理语义的船舶停留点和港口识别方法 ………………… 46
　3.2　南海丝路船舶停留点与港口识别结果与分析 ………………… 61
　3.3　本章小结 ………………………………………………………… 82

第 4 章　"停留-移动"船舶轨迹抽象模型构建与轨迹分析 ………… 83
　4.1　基于活动理论的船舶轨迹抽象模型构建 ……………………… 84
　4.2　船舶交通流时空特征分析方法 ………………………………… 92
　4.3　基于"Stop-Waypoint"模型与图论理论的船舶航线提取方法 … 95
　4.4　南海丝路典型商船轨迹分析 …………………………………… 99
　4.5　本章小结 ………………………………………………………… 112

第 5 章　船舶轨迹载重建模与原油海运贸易分析 ················ 113
　　5.1　顾及装卸行为识别的船舶轨迹载重模型构建 ················ 114
　　5.2　基于船舶轨迹载重模型的原油海运贸易量分析 ············ 117
　　5.3　南海丝路原油海运贸易分析 ·················· 122
　　5.4　本章小结 ·················· 141

第 6 章　结论与展望 ·················· 142
　　6.1　结论 ·················· 142
　　6.2　创新点 ·················· 144
　　6.3　展望 ·················· 145

参考文献 ·················· 146

第1章 绪 论

1.1 研究背景与意义

海运是远距离运输大规模货物最有效、最经济的运输方式(Tu et al.，2018)。2019 年，据联合国贸易和发展会议(UNCTAD)统计，全球超过五分之四的商品贸易通过海运完成。作为海运的工具，船舶的运输足迹、时空特征、行为和模式已经引起科学界广泛关注。研究船舶活动轨迹，对于海上态势感知、航行安全、政策制定、贸易分析等具有重要意义(Goerlandt et al.，2011；马文耀 等，2017；梅强 等，2018；Yu et al.，2019)。

(1) 海运贸易是南海丝路的发展重点

2012 年，我国首次提出"建设海洋强国"，随后在 2017 年再次明确"坚持陆海统筹，加快建设海洋强国"。实施海洋强国战略已成为中华民族伟大复兴、实现现代化建设的必经之路。2012 年以来，我国高度重视海运业的发展，强调"经济强国必定是海洋强国、航运强国""经济要发展，国家要强大，交通特别是海运首先要强起来"(许立荣，2019)。2020 年 2 月 3 日，交通运输部、发展改革委、工业和信息化部、财政部、商务部、海关总署和税务总局联合印发了《关于大力推进海运业高质量发展的指导意见》(交水发〔2020〕18 号)，指出"海运强国"不仅是"海洋强国"的重要动力，更是"交通强国建设"的重要组成。近年来，"一带一路"倡议的提出，特别是建设"21 世纪海上丝绸之路"对海运的发展提出了更高要求。南海丝路是指"21 世纪海上丝绸之路"途径南海的主要线路，以海运为主体，连接东海、南海、孟加拉湾、阿拉伯海、地中海等海域，构筑了亚洲、非洲、欧洲等国家间的海运贸易通道(王辉 等，2020)。南海丝路区域不仅是我国对外经贸的黄金水道，更是能源进口的战略要道。我国超过 50% 以上的原油进口来自南海丝路区域沿线国家，而我国 80% 以上的原油进口依靠海运(Cheng et al.,2019),因此研究南海丝路区域的海运足迹对于促进我国社会经济发展、推进国家战略、保障能源安全具有重要的现实意义。

(2) 船舶活动分析是支撑海运交通建模与分析的关键

海运贸易是以海洋为载体、船舶为工具、港口为纽带的人类活动(李清泉 等,2012)。伴随着地理大发现,海运已成为人类认识海洋、探索海洋最常见的方式,这也衍生出越来越多的港口城市。港口城市作为海运的起点和终点,其兴衰与船舶活动密切相关,港口的空间格局、吞吐量、航线的连通性等决定了港口的承载能力、发展水平以及可持续性。人类在探究船舶、港口、航运形成的紧密联系有机体的过程中,推动了地理科学中"交通地理学"的发展。交通地理学是人文地理学的一个分支,旨在研究人类活动、货物运输以及与地球表面的作用关系(李清泉 等,2012)。海上运输作为最重要的运输方式之一,一直是交通地理学研究的重点,如港口区域研究(徐永健 等,2001)、海上交通网络研究(Ducruet,2017)等。船舶是海运的实现工具,其在特定时间与空间上表现出的停留、装卸、移动、转向等活动构成了具有特定语义的船舶行为,通过对大量船舶行为的时空挖掘,可以提取海运交通的模式和特征,增强对人类活动(船舶活动)与港口关系的理解,实现对海运交通的科学化管理,促进海运贸易的可持续发展。

当前研究海运交通模式和特征发现的方法主要有两种研究范式:基于OD(origin-destination)矩阵的研究范式和基于活动的研究范式。基于OD矩阵的研究范式是交通领域用于交通流分析的经典方法,它以运动物体(移动对象)在起始地和目的地之间的行程流为基础,辅以出行时间、出行距离、出行次数等信息分析交通流的分布和特征(Munizaga et al.,2012)。但是对于海运交通而言,OD矩阵法主要存在两个局限:第一,与陆上交通受道路约束不同,海上交通具有更大的空间自由度,原则上只要具备基本的航行条件,船舶都可以航行(Yan et al.,2020b),因此OD矩阵法只考虑船舶行程起始地和目的地的做法与真实的船舶活动相差较大;第二,OD矩阵法以离散矩阵的形式表达船舶行程,割裂了船舶行程这一整体,无法对船舶行为做进一步分析,故多适用于宏观层面的分析。随着数据采集手段的发展,当前已产生大量记录船舶活动的轨迹数据,如船舶自动识别系统(AIS)数据,因此近年来基于活动的研究范式逐渐成为海运研究的主流。基于活动的研究范式以单船精细的活动轨迹为研究单元,通过对海量船舶轨迹的挖掘,实现海运交通的建模和分析(Yan et al.,2020b)。该方法有效克服了传统OD矩阵法割裂船舶行程的缺陷，每个船舶的行程都可以看成由该行程时间内连续轨迹点组成的整体，可以从微观层面探索单船航行的时空分布和特征，通过聚合海量船舶轨迹挖掘船舶航行的交通模式和一般规律，实现对复杂海上交通的认识和理解。

(3) 船舶活动轨迹是海运交通分析的最小研究单元

基于活动的研究范式仍处于探索阶段，这与微观尺度的船舶轨迹数据可获得性密切相关。近十几年来才出现高质量、公开可获得的大规模船舶轨迹数据，因此基于活动的研究范式在利用船舶轨迹数据进行海运交通建模与分析的研究中还存在诸多不足。可喜的是，前期研究者对船舶轨迹数据的研究已经表明其在海运研究领域的巨大潜力。轨迹数据通过运动物体（船舶）安装的定位设备被动式采集其位置和时间信息，对于还配备姿态采集设备的物体，还能获取其速度、方向等姿态信息，利用数据分析方法（如数据挖掘）可以获得运动物体的行为特征。与传统统计数据（船舶交通调查数据、班轮航线表）相比，轨迹数据具有诸多优势。

① 轨迹数据的细粒度。船舶轨迹数据的定位精度由其配备的全球卫星导航系统（global navigation satellite system，GNSS）定位设备决定，AIS 数据的定位精度一般在万分之一度（Tu et al.，2018）。另外，船舶轨迹的更新频率可达秒级，因此其时间分辨率和空间分辨率都远高于传统的船舶交通统计数据。除了位置和时间信息外，船舶轨迹数据中还包含船舶的运动信息和属性信息（Svanberg et al.，2019），为研究船舶轨迹尺度的海运交通建模和分析提供了数据基础。

② 轨迹数据的公开性。随着遥感和通信技术的发展，多种船舶轨迹采集系统实现了全球范围内对船舶轨迹的追踪。这些海量的船舶轨迹数据由交通管理部门或商业数据服务公司向用户提供，具有很强的公开性。

③ 轨迹数据直接反映了海运贸易。船舶是海运实现的交通工具，船舶交通流是海运贸易最直观的表现（Peng et al.，2019）。海运贸易可以理解为船舶在不同港口间发生地理位移的装卸活动。轨迹数据记录了船舶细粒度的活动轨迹，是海运贸易的直观反映。若实现船舶轨迹货物载重量的计算，就能将海运贸易分析细化到船舶轨迹尺度，从而拓展船舶轨迹数据在海运贸易分析中的应用。

从海量、公开的轨迹数据中提取船舶活动的行为和特征，进而了解海运的交通模式和一般规律，不仅可以解决海运交通建模与分析的难题，而且可以应用于海运政策制定、海上航线设计、港口设施评价、航行安全评价、海上交通监管、海运贸易分析等社会管理与服务。

1.2 国内外研究进展

本节对基于船舶轨迹数据的海运交通建模与分析研究进行较为全面的国内外研究进展综述，主要从船舶轨迹数据获取、空间数据挖掘、船舶轨迹数据挖掘、AIS 数据在海运研究中的应用以及海上运输贸易分析等方面进行展开。

1.2.1 船舶轨迹数据获取

传统情况下，船舶航行依靠工作人员的人工判断，辅以海图（纸质或电子）、声呐、雷达、闭路电视、红外摄像机、卫星等（Tu et al., 2018）。船员记录的航行日志（又称航海日志、船舶日志等）记录了船舶在航行期间的活动信息以及航行过程中发生的相关事件（黄岗，2019），内容包括船舶信息、船舶位置、航行状态（如运动、停泊、装卸等）、事故信息、气象信息等。因此，航行日志是获取船舶轨迹信息的传统数据源，但其精度受人工影响大，且轨迹更新频率低。随着水运业的发展，不断攀升的船舶数量给航行安全带来巨大压力，为了保障船舶安全、顺畅通行于港口、海峡等交通量更大、航行风险相对更高的水域，更具现代化的船舶交通管理系统（vessel traffic management system, VTS）被各航运国家普遍使用（王笑京 等，2006）。VTS 系统通过收集多种船舶监视设备采集的船舶轨迹信息（如导航信息、图像视频信息），实现对过往船舶的监控。

如今，支持 VTS 的数据来源主要有岸基雷达、合成孔径雷达（synthetic-aperture radar, SAR）卫星、光学卫星、船舶远程识别和跟踪系统（long-range identification and tracking, LRIT）、AIS 系统。岸基雷达是一种安装在海岸或河口的无线电探测和测距装置，通过主动发射电磁波和接收回波信号来定位船舶目标（邢旭峰 等，2020）。岸基雷达作为 VTS 系统的基础设施，在港口或繁忙水道被广泛用于船舶航行监测。岸基雷达系统主要目的是实现船舶碰撞监测和接地预防，但该系统一般只作用于近岸覆盖区域。SAR 卫星能够在大范围、全天候条件下对船舶进行探测，突破了近岸覆盖范围的限制，已用于全球海上监测（Brusch et al., 2011）。随着高分辨率影像技术的发展，高分辨率光学卫星影像在船舶目标检测中展示了应用潜力（Qi et al., 2015; Kanjir et al., 2018）。LRIT 系统是一个基于卫星的实时报告系统，用于收集和报告船舶位置信息。国际海事组织（international maritime organization, IMO）规定，从事国际航行的客轮、300 总吨以上的货轮以及海上移动钻井平台，必须使用

LRIT 系统。LRIT 系统船舶设备的数据更新频率最大时间间隔为 6 h,最小为 15 min。AIS 系统是船舶自报告监控系统,通过甚高频(VHF)无线电实时传输船舶的各种信息,实现船舶之间和 AIS 基站之间船舶活动信息的交换。传统岸基 AIS 只能覆盖距离海岸 40 km 的水域(Brusch et al.,2011),近年来随着低轨卫星的发展,星基 AIS 实现了在全球海域内监控船舶的活动(Carson-Jackson,2012)。船舶在运动状态下根据航行速度的不同,发射 AIS 记录的更新频率为 2~10 s,停泊状态下发射 AIS 记录的更新频率为 3~6 min(Zhao et al.,2018a)。IMO 规定,自 2004 年 12 月 31 日起,所有从事国际航行 300 总吨以上的船舶、不从事国际航行 500 总吨以上的货船以及所有的客船必须装备 AIS 系统(Kroodsma et al.,2018)。目前,绝大多数商船都已经装备了 AIS 系统。表 1-1 给出了现有船舶轨迹数据源的简要概述。

表 1-1　不同船舶轨迹数据源概述

数据来源	探测方式	监控范围	更新频率	搭载平台	数据格式
岸基雷达	主动	港口水域和专属经济区	由探测载荷决定	岸基	雷达影像
SAR 卫星	主动	全球海域	由探测载荷决定	星基	SAR 影像
光学卫星	主动	全球海域	由探测载荷决定	星基	光学影像
LRIT 系统	自报告	通常在离岸 1 000 海里水域	至少 6 h 更新一次	星基	可解码成数据记录
AIS 系统	自报告	岸基 AIS 监控港口水域,星基 AIS 监控全球海域	运动状态下 2~10 s,静止状态下 3~6 min	岸基/星基	可解码成数据记录

与其他船舶轨迹数据源相比,AIS 数据具有诸多优点,AIS 数据提供了近实时的船舶航行信息,可以在全球海域监控船舶,采样频率快,易于公开获取,较少受到外部因素影响,如海况、天气等。AIS 数据已成为研究船舶交通流的主流数据源,受到了海运智能交通研究者的高度重视。基于此,以 AIS 数据作为船舶轨迹数据的数据源,后续章节中基于船舶轨迹的研究与分析都根据 AIS 数据开展。

1.2.2　空间数据挖掘

随着数据采集手段和科学技术的发展,涉及人类社会活动的各种数据呈现指数式增长,人类已经进入"数据爆炸"又称"信息爆炸"时代(Beath et al.,

2012)。然而,面对海量数据资源,避免"数据爆炸但知识贫乏"的困境,获取其隐含的知识是实现"大数据大价值"的必要条件(Beath et al.,2012)。基于此,数据挖掘应运而生。数据挖掘是在海量数据中自动发现有用信息的过程。数据挖掘起源于数据库知识发现(knowledge discovery in database,KDD),KDD 是从未加工的数据中获取有用信息的过程,其针对的一般是非空间数据。随着研究的深入,人们对 KDD 的认识愈发全面,相继提出了数据挖掘(data mining,DM)、数据分析(data exploring)、知识提取(knowledge discovery)、数据挖掘和知识发现(data mining and knowledge discovery,DMKD)等含义相同或相近的术语,其中尤以 KDD、DM 与 DMKD 最为普遍。KDD 与 DM 是难以分离的,"数据挖掘和知识发现"一词综合了 KDD 和 DM 两者的含义,更能代表数据挖掘的全过程(李德仁 等,2001,2002;Li et al.,2015)。DMKD 处理的一般过程如图 1-1 所示。

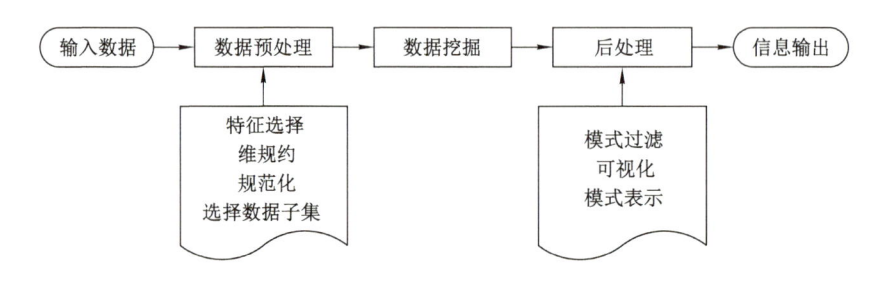

图 1-1 DMKD 处理的一般过程

人们在认识自然和改造自然的过程中,涉及一种重要的数据形式——空间数据。空间数据为表征地理对象在地球表层空间分布状况的数据。空间数据库中包含空间数据和非空间数据,非空间数据即除了空间数据之外的所有数据(李德仁 等,2001)。空间数据库是通用数据库,非空间数据库是其一种特殊形式。从空间数据库中自动挖掘知识,寻找空间数据库中隐含的知识、空间关系等,称为空间数据挖掘和知识发现(spatial data mining and knowledge discovery,SDMKD)。SDMKD 是 DMKD 的分支学科,但 SDMKD 与 DMKD 不同,其研究对象为空间数据库,相对于常规的事务性数据库,SDMKD 在 DMKD 的基础上增加了空间尺度维(李德仁 等,2001,2002;Li et al.,2015)。SDMKD 处理的一般过程如图 1-2 所示。

空间数据具有空间位置和距离的概念,并且邻近对象之间还存在一定的

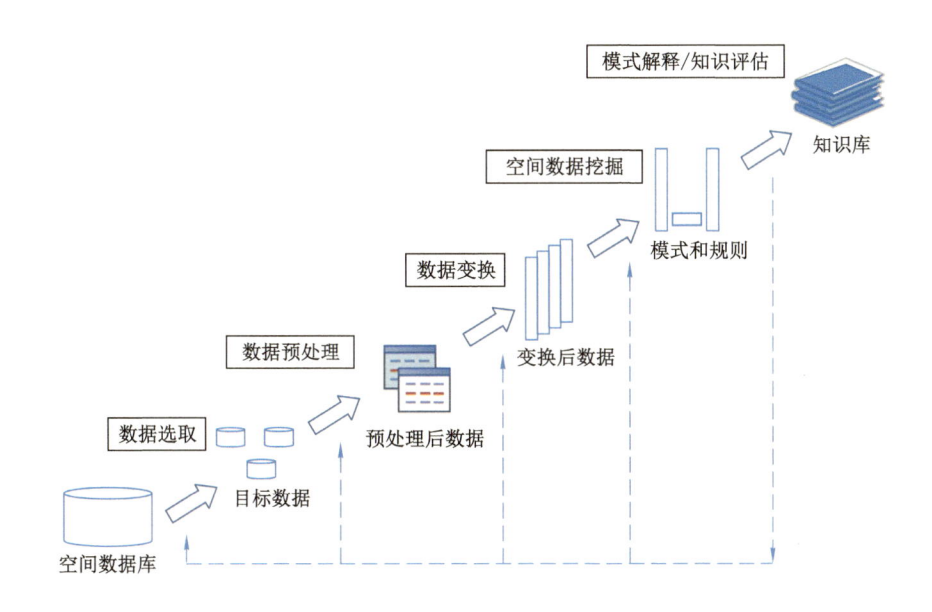

图 1-2 SDMKD 处理的一般过程

空间关系,如方位关系、拓扑关系、度量关系等,使得空间数据比其他类型的数据更加复杂(王新洲,2006)。1994 年,在加拿大渥太华举行的 GIS 国际会议上,李德仁等(2001)首次提出了从 GIS 数据库发现知识(knowledge discovery from GIS,KDG)的概念。随后李德仁及其团队系统地提出或研究了空间数据挖掘的理论、技术和方法,奠定了 SDMKD 在地球空间信息科学的学科地位和基础(Li et al.,2015)。SDMKD 是在空间数据库的基础上,综合利用统计分析方法、空间分析方法、归纳学习方法、聚类方法、机器学习方法、人工智能方法等,从大量空间数据中提取人类感兴趣的、未知的、隐含的、可理解的知识,以揭示客观世界的本质规律、内在联系和发展趋势(Li et al.,2015)。

1.2.3 船舶轨迹数据挖掘

轨迹数据是空间数据的一种重要形式,表现为观测对象在地理空间中的移动轨迹(Zheng,2015),如人、交通工具(汽车、船舶、飞机等)、动物、自然现象等的活动轨迹。通过轨迹数据挖掘可以为城市规划、交通、行为生态学、运动场景分析、监管和安全等领域提供决策支持(Mazimpaka et al.,2016)。相比于其他空间数据(如遥感影像),轨迹数据更加强调空间对象的活动,因此空间对象的行为特征和移动模式是轨迹数据挖掘的重点。轨迹数据挖掘如图 1-3 所示。

图 1-3 轨迹数据挖掘

轨迹数据挖掘的目标是从轨迹数据中发现人们感兴趣的知识,如轨迹主体的运动模式、客观规律、发展趋势等,它有两个方面的目标:预测和描述。预测是指通过挖掘现有轨迹数据的模式和规律来预测未来的模式;描述是指用人们可理解、遵循客观规律的方式对现有轨迹数据所隐含的知识进行描述。通用的轨迹数据挖掘方法主要分为两类:一类是根据轨迹的属性对轨迹进行聚类和分类(Lee et al.,2007;龚玺 等,2011;袁冠 等,2011;吴笛 等,2015);一类是综合多种轨迹分析方法进行轨迹挖掘(Cao et al.,2007;Giannotti et al.,2007;Mazimpaka et al.,2016;蔡正义,2018),如经典统计方法与聚类方法相结合。

船舶轨迹数据是轨迹数据的一种类型,记录船舶活动的运动轨迹,通过船舶轨迹数据挖掘可以感知船舶交通流特征和规律,从而为航行安全、航线规划、港口运营管理、海运贸易分析等提供决策支持。船舶轨迹数据挖掘的研究主要集中于数据处理、模式挖掘以及语义分类。

1.2.3.1 轨迹数据处理

船舶轨迹数据处理是执行轨迹挖掘之前的必要步骤,一般涉及噪声滤波、轨迹压缩、轨迹分割等技术。由于传感器噪声或其他因素的影响,轨迹数据从来都不是完全正确的,如在海峡处由于船舶交通拥挤而接收到较差的定位信号。噪声滤波的目的就是从轨迹数据中过滤噪声点,以保证后续分析工作的正确性。现有船舶轨迹数据噪声滤波方法主要分为三类:启发式滤波、中值滤波、卡尔曼滤波。启发式滤波方法通过检测轨迹中的离群点直接滤除轨迹噪声,在现有文献中已被广泛使用(Harati-Mokhtari et al.,2007;Wu et al.,2017;卫桂荣 等,2016;Zhao et al.,2018b;胡开喜,2018;赵梁滨,2019;Cheng et al.,2019;Xiao et al.,2020)。该方法可以处理轨迹中的初始错误,并且简单易实现,但确定某一变量异常值的阈值是启发式的,如根据速度异常值确定离群点(Wu et al.,2017;卫桂荣 等,2016)。中值滤波方法是将某一轨迹点的变量值用其一定时间范围内一定大小邻域的所有轨迹点变量的统计中值来表示。因此,中值滤波方法可以看作滑动窗口法。均值滤波方法与之类似,是用邻域内的统计均值来表示观测值,但中值滤波方法更强大。现有文献中报告了中值滤波在船舶轨迹数据去噪中的应用(Mazzarella et al.,2015;Hwang et al.,2018;Wang et al.,2019)。中值滤波方法受滑动窗口大小的影响较大,在处理连续多个噪声点时,该方法会产生较大误差。卡尔曼滤波方法是一种高效的自回归滤波方法,能够适用于存在不确定性的情况下估计轨迹的测量值和运动状态。卡尔曼滤波方法已经应用于船舶轨迹数据去噪(Ristic et al.,2008;赵帅兵 等,2012;Papi et al.,2015;Habtemariam et al.,2015;姜佰辰 等,2019)。赵帅兵等(2012)和姜佰辰等(2019)应用卡尔曼滤波方法降低了噪声对船舶轨迹预测的影响,提高了船舶轨迹预测的精度。但卡尔曼滤波方法以递归的方式处理噪声数据,如果输入轨迹数据的第一个轨迹点为噪声点,则该方法的效率会大大降低。

存储或传输运动目标的海量轨迹数据是相对困难的,同时轨迹中的一些位置点通常是冗余的,轨迹压缩方法有望降低存储要求和通信负载(Feng et al.,2016)。船舶轨迹压缩的目标是在不影响船舶轨迹正常使用的前提下,删除船舶轨迹数据中的冗余数据。现有研究依据轨迹压缩是否需要整体轨迹可以分为两类:离线压缩和在线压缩(高邈 等,2018)。离线压缩是针对移动目标的整体轨迹进行处理,通过删除不影响原始轨迹整体形状或特征的点来生成近似轨迹。地图学领域的矢量线简化问题(Saalfeld,1999)与之类似,并提供了有益参考。这其中最著名的矢量线简化算法——道格拉斯-普克(Douglas-Peucke)算法被广泛应用于船舶轨迹数据压缩(徐凯 等,2017;Liu et al.,2019a;Zhao et al.,2019)。离线压缩算法依赖完整的轨迹数据,在扫描整体轨迹的过程中会带来更大的时间耗费,不适用于持续时间较长的轨迹的压缩(张远强 等,2020)。由于许多应用需要近实时地传输轨迹数据,因此研究者提出了一系列在线压缩方法以决定新采集的轨迹点是否应该保留在轨迹中。在线压缩是在移动目标运动时立即执行轨迹压缩。滑动窗口算法是在线压缩轨迹数据的一种常用策略(Keogh et al.,2002),采用逐步压缩的思想,计算每次窗口范围内轨迹点的位置偏差,只保留该窗口位置偏差超过设定阈值的轨迹点,然后滑动窗口继续执行先前的压缩处理。高邈等(2018)和董婉婷等(2020)进一步考虑了滑动窗口内轨迹点的方向和空间位置变化趋势,改进了滑动窗口算法,使其更好地适用于船舶轨迹数据在线压缩。国外研究者还提出一种开放窗口算法应用于轨迹在线压缩(Meratnia et al.,2004)。尽管同是基于窗口的算法,但与滑动窗口算法不同,开放窗口算法每次移动窗口的步长不再是窗口大小,而是以上一个窗口范围内的位置偏差最大点作为下个窗口移动的起点,实现动态调整窗口移动。Meng 等(2017)进一步改进了开放窗口算法,提出一种局部最优开放窗口算法,通过计算点的累积同步欧氏距离来选择窗口移动的起点。

另一类常用的轨迹数据在线压缩策略是顾及速度和方向的压缩方法(Potamias et al.,2006;张远强 等,2020)。Potamias 等(2006)基于轨迹点的速度和方向信息建立安全区域,如果新的轨迹点位于安全区域内就认为该轨迹点冗余且应该舍弃,否则作为特征点构造近似轨迹。Cao 等(2017)通过建立有向无环图优化了在线轨迹压缩。宋鑫等(2019)顾及轨迹点的位置、速度和方向信息,提出一种动态阈值结合全局优化的两阶段船舶轨迹在线压缩算法。此外,现有研究中也涌现了基于语义信息的轨迹压缩方法、基于地图匹配的轨迹压缩方法等。基于语义信息的轨迹压缩方法旨在压缩轨迹时保留轨迹的语义信息,从而使近似轨迹在形状轮廓和语义特征两方面形成统一。Schmid 等(2009)利用交通网络中具有语义特征的参考点代替原始轨迹中冗余的位置信息,实现轨迹压缩。基于地图匹配的轨迹压缩方法借鉴了语义压缩的思想,使用地图中的特征点来表示原始轨迹。程情等(2016)将全球定位系统(global position system,GPS)轨迹与路网数据进行匹配,获取关键特征点和停留点,提出一种能够保存 GPS 轨迹时空特征的在线压缩方法。

在许多场景中,输入的轨迹数据并不需要整体轨迹,因此轨迹分割算法被提出。顾名思义,轨迹分割是将轨迹分割成多个子轨迹。轨迹分割不仅降低了计算复杂度,还能挖掘子轨迹隐含的知识。轨迹分割方法主要分为三类:基于轨迹属性信息、基于轨迹形状和基于语义的轨迹分割方法。基于轨迹属性信息的轨迹分割方法比较简单,将轨迹按照某一属性变量阈值(时间间隔、速度阈值、方向阈值等)分割成不同的子轨迹。如杨伟等(2018)将车辆轨迹按照速度阈值分为高速子轨迹(速度大于 50 km/h)、中速子轨迹(速度在 20~50 km/h 之间)和慢速子轨迹(速度小于 20 km/h)三个等级。基于轨迹形状的轨迹分割方法利用轨迹中的特征点(如转向点)分割轨迹。Douglas-Peucke 算法和 Lee 等(2007)提出的最小描述语言是这类方法中的代表。基于语义的轨迹分割方法通过识别轨迹中具有特定语义信息的关键点(如停留点)分割子轨迹。如 Yan 等通过识别船舶轨迹的停留点和移动点,将船舶轨迹划分成停留子轨迹和移动子轨迹(Yan et al,2020b)。

1.2.3.2 轨迹模式挖掘

轨迹模式挖掘的目的是发现和描述隐含在轨迹中的运动模式(Mazimpaka et al.,2016)。现有研究在轨迹模式挖掘方面进行了大量卓有成效的工作,根据运动模式的不同可以大致分为三类:周期模式挖掘、频繁模式挖掘、群集模式挖掘。周期模式挖掘(又称重复模式挖掘)针对的是单个物体的运动轨迹,涉及目标的周期性或往复性运动模式,如通勤者每天上下班的运动(Li et al.,2010)、候鸟迁移的运动(Li et al.,2011)。频繁模式挖掘和群集模式挖掘针对的是多个物体的运动轨迹。频繁模式挖掘针对的是物体在相对时间内以相同的顺序访问大致相同的位置,但不能多个物体同时移动;而群集模式挖掘则针对的是物体在绝对时间内同时移动。频繁模式挖掘常用方法是从轨迹中识别重要区域,然后对这些区域内的轨迹进行时间序列挖掘,以提取轨迹数据集中对象的频繁运动路径(Giannotti et al.,2007)。群集模式挖掘的目的是提取包含在一个群组中的对象的运动模式。一般而言,群组中的对象在一定时间段内保持了相同的运动特征。聚类方法是群集模式挖掘中常用的方法(李永攀 等,2018)。

近年来,船舶轨迹数据可用性日趋丰富,船舶轨迹模式挖掘越来越受到研究者的关注。现有文献中的船舶轨迹模式挖掘方法主要分为三类:基于格网的方法、基于矢量的方法、基于统计的方法。基于格网的方法是将船舶轨迹数据用格网的方式进行映射,统计每个网格内的轨迹数量来表示船舶交通特征,减少数据存储规模,方便查询和处理。基于矢量的方法多以交通图(节点和线段的组合)形式实现船舶轨迹数据的类型转换,通过提取关键特征点(如停留点、转折点等)和特征点之间的路线对船舶轨迹进行建模,以此感知船舶交通模式。基于统计的方法是对船舶轨迹数据隐含的特征进行统计分析,从而揭示船舶轨迹交通特征规律和知识。表 1-2 总结了这三类现有的船舶轨迹模式挖掘方法。

表 1-2 现有船舶轨迹模式挖掘方法概述

方法	优点	局限
基于格网的方法	① 以网格索引的方式管理轨迹数据,可以实现轨迹压缩;② 便于搜索和查询;③ 每个网格易于根据感兴趣的特征变量进行存储,如轨迹的速度、航向等	① 需要预先定义网格单元的大小;② 不适用于大面积区域分析;③ 受可变面元问题影响
基于矢量的方法	① 易于构建节点和连边组成的交通图;② 适用于大面积区域甚至全球区域的分析	① 受限于航路点的提取;② 对航路点的语义和特征考虑不足,不利于理解船舶行为
基于统计的方法	① 可以实现船舶交通特征的定量分析;② 能够确定感兴趣特征变量的数值分布和取值范围,为船舶异常行为识别提供支撑	① 通常只能提供一些基本特征变量的统计分析来描述船舶轨迹模式,较少考虑语义知识;② 不便于船舶轨迹模式的可视化表达

基于格网的方法的基本思想是根据研究区范围以一定大小的网格单元进行划分,并将轨迹数据根据空间位置分配至具有索引号的网格中,统计感兴趣的网格内轨迹点的特征信息,以此表征船舶轨迹模式特征(陈金海 等,2012;Kim et al.,2014;Vettor et al.,2015;Wu et al.,2017)。陈金海等(2012)提出了网格化数据库以减少船舶轨迹数据量,方便船舶轨迹数据存储、查询和空间分析的一体化管理。船舶轨迹数据被投影到结构化的网格单元,这些网格单元中附有船舶各种属性信息的统计结果。通过网格化的数据库,将船舶轨迹对象转化为具有位置、属性的实体(如航行路线、活动密度),以供实际使用。Wu 等(2017)定义了基于格网的船舶交通密度定量指标,将船舶轨迹数据映射到结构化网格,并根据定量指标计算出每个网格中的船舶交通密度,从而创建了全球航运密度图。基于格网的方法在船舶轨迹模式挖掘中应用广泛,如通过网格索引的方式管理轨迹数据来减少数据量,便于存储和提高处理效率。此外,还可应用于路线规划、交通热点区域探测等。然而,现有研究也指出基

于格网的方法存在一些局限性,其主要表现在方法的适用性方面,该方法对小面积区域的船舶轨迹模式挖掘是有效的,但不适用于大面积区域(Xiao et al.,2020)。原因是当研究区的范围相当大时,使用较小的网格单元执行格网划分会面临繁重的计算花销。另一个局限性是基于格网的方法获得的结果容易受格网单元大小和格网划分方式的影响,即可变性面元问题。

基于矢量的方法的基本思想是将船舶交通路线看成由航路点(航行特征点)相连组成的矢量折线。通过将特征点或特征线进行聚类处理,如用中心矢量线的形式表示一组具有相同特征点的船舶轨迹,从而在大面积区域甚至全球海域实现船舶轨迹的简化表达和模式挖掘。该类方法中最具代表性的就是Pallotta等(2013)提出的面向异常检测的交通路线提取方法(TREAD)。TREAD中航路点被定义为港口或近海平台等静止物体,通过不同航路点之间的连线来表示航线,实现了交通流的预测和船舶行为的异常检测。Kaluza等(2010)利用OD矩阵交通流组织船舶航行轨迹,航路点为船舶航行轨迹的起始点和目的地,基于此构建了全球港口之间的航行网络。基于矢量的方法利用航路点和连接航路点之间的交通路线实现对原始船舶轨迹的简化表达,这种节点和连边的形式便于构建交通网络或交通图,并且适用于大面积区域甚至是全球海域的船舶轨迹模式挖掘。然而,现有文献依然指出了这类方法的局限性。基于矢量的方法关键在于航路点的识别,现有研究中航路点只是简单设定为港口、OD点等,较少考虑航路点处的交通特征与语义知识,从而限制了对船舶行为的理解和分类(Fiorini et al.,2016)。

基于统计的方法的基本思想是对船舶交通特征进行统计建模,从而确定感兴趣的交通参数和阈值范围,以此实现船舶轨迹模式的挖掘,常用于区分船舶航行的正常行为和异常行为。Xiao等(2015)利用统计模型定量分析了不同船舶的速度、航向、交通密度、船舶到达时间等特征,实现了船舶行为的知识发现。此外,利用机器学习或深度学习挖掘船舶轨迹模式的方法也可归为基于统计的方法。究其原因,机器学习或深度学习的目的是获取感兴趣的特征分布,这符合基于统计的方法的思想。Natale等(2015)使用最大期望算法获取了渔船捕鱼活动的特征分布,从而实现了渔船捕鱼行为和其他行为的分类。与之类似,Vespe等(2016)使用高斯混合模型识别了渔船捕鱼活动的特征分布。基于统计的方法可以实现船舶轨迹模式特征分布的定量分析,为船舶异常行为检测、交通流预测等提供支持。然而,该方法的局限性也较为明显,其只能提供一些基本特征变量(如速度、航向、位置)的统计分析来描述船舶轨迹模式,较少考虑语义知识,并且不利于船舶轨迹模式的可视化表达。

1.2.3.3 轨迹语义分类

轨迹语义分类的目的是区分轨迹不同的活动状态,并赋予具有语义含义的属性标签,如运动、静止、进港、出港、装货、卸货等。通过语义标签标记原始轨迹有助于轨迹模式挖掘,丰富轨迹所蕴含的信息,更利于最大化挖掘轨迹数据隐含的知识。轨迹语义分类的流程一般分为三步:① 利用分割方法将轨迹划分成轨迹段;② 提取轨迹段中的行为特征,构建语义轨迹;③ 建立语义轨迹分析模型进行知识发现,实现对轨迹的分类。

轨迹语义分类的关键在于构建语义轨迹。语义轨迹即是在原始轨迹的基础上,添加辅助语义信息,从而加强对轨迹数据的建模和分析。现有语义轨迹的研究大多起源于 GeoPKDD(geographic privacy-aware knowledge discovery and delivery)项目(Nanni et al.,2010)。该项目是将时空查询能力与语义技术相结合,赋予轨迹数据语义信息,实现轨迹数据的语义分类和知识发现。Spaccapietra 等(2008)在此基础上提出了一个被广泛应用的表示语义轨迹的概念模型——"Stop-Move"模型。该模型将轨迹数据分成两类:停留和移动。停留是指移动对象静止在一个兴趣点,表现为移动对象在足够长的时间内静止在兴趣点区域并可能完成某些活动,如船舶在码头装卸货物、出租车上下客等。移动是指连续停留之间的移动对象轨迹的任意子集。

对于语义轨迹的表示和建模,现有文献主要从概念设计、轨迹分割等入手给原始轨迹添加语义信息,从而抽象语义轨迹模型(Spaccapietra et al.,2008;Parent et al.,2013;Bogorny et al.,2014)。Cao 等(2010)从 GPS 轨迹中挖掘行人的停留位置,抽象行人出行的语义模型。对于语义轨迹的知识发现和探索,现有文献主要通过数据挖掘手段,利用聚类分析(Furtado et al.,2016)等分析方法发现语义轨迹中隐含的知识,特别是移动模式(Ying et al.,2013)。Arguedas 等(2017)通过聚类具有相同起始点和目的地的船舶轨迹检测船舶语义航线,发现波罗的海船舶交通模式。因此,对原始轨迹进行语义建模,可以加强对移动目标运动轨迹的理解,更好地提取运动模式。

1.2.4 AIS 数据在海运研究中的应用

AIS 系统可以获取全球海域内船舶的航行轨迹,因其具有更新快、精度高、公开获取方便等优点,所以在海运交通领域得到广泛应用,具有代表性的应用包括:船舶航行避碰、异常行为监测、船舶交通流分析、海运交通网络、船舶排放、渔业活动等。

AIS 系统建立的初衷是通过船舶间或船舶与 AIS 基站交互船舶航行信

息以起到避免船舶碰撞的作用,因此现有文献报告了大量 AIS 数据在船舶避碰中的应用(Goerlandt et al.,2011;Zhang et al.,2016;李东枫,2017;马杰等,2019;Liu et al.,2019b),其研究思路为基于 AIS 数据构建船舶碰撞模型,然后计算船舶的航行风险。Liu 等(2019b)提出一个基于 AIS 数据的船舶碰撞风险实时识别框架,用以计算每艘船舶航行发生碰撞风险的概率。在异常行为监测方面(Pallotta et al.,2013;Zhen et al.,2017;马文耀 等,2017;郑海林 等,2018),通过 AIS 数据挖掘识别船舶的异常行为,以期起到安全预警的作用,如识别非法捕鱼(Cabral et al.,2018)、协助海上搜救(Varlamis et al.,2018)等。在船舶交通流分析方面,基于 AIS 数据绘制船舶交通图,来分析船舶交通流时空特征(陈仁丽 等,2020)、船舶交通密度(Wu et al.,2017)、发现航运热点(Cheng et al.,2019)等。为了更好地绘制船舶运动轨迹,一些研究者在轨迹压缩和船舶运动可视化方面投入了很多精力。Liu 等(2019a)改进了 Douglas-Peucker 船舶轨迹压缩算法,在保留轨迹特征的前提下减少了数据量。Huang 等(2020)在此基础上引入 GPU 架构的并行计算,研究了大规模船舶轨迹的可视化。

对于海运交通网络,Arguedas 等(2017)通过对船舶交通流的挖掘构建结构化的海运交通网络,用于实现无监督的海上交通监测。一些研究者在此基础上将港口纳入海运交通网络,进一步分析了海运物流和交通经济(梅强 等,2018;孙涛 等,2018;余红楚 等,2018)。Seoane 等(2013)分析了欧洲大陆港口系统之间海上货运物流的演化。Yu 等(2019)研究了油价波动对油轮海运网络结构和交通流变化的影响。在船舶排放方面,AIS 数据由于提供了细粒度的船舶轨迹活动,逐渐成为基于活动法估算船舶大气污染物排放的重要数据源。目前国内研究者在渤海湾、珠江三角洲、宁波-舟山港等利用 AIS 数据建立了船舶排放污染物清单(邢辉 等,2016;尹佩玲 等,2017;Chen et al.,2019)。国外研究者也将 AIS 数据应用于波罗的海、红海、欧盟海域等的船舶污染物排放研究(Jalkanen et al.,2009,2016)。在渔业活动方面,AIS 数据已应用于识别捕鱼活动(de Souza et al.,2016)、绘制全球捕鱼足迹(Kroodsma et al.,2018)、监测非法捕鱼活动(Cabral et al.,2018)等。因此,AIS 数据已广泛应用于海事研究。

1.2.5 海上运输贸易分析

资源分布不均导致了其在地理空间的流动,从而产生了资源贸易。资源贸易通常依靠运输来实现,是交通与地理交叉应用的典范,一直是交通地理研究的重要方向。目前,针对资源贸易研究,交通地理的研究者们在空间格局(Yan et al.,2017)、路径优化(Wang et al.,2018)、资源配置(Liu et al.,2014)、网络建模(Peng et al.,2018)等方面提出了很多卓有成效的方法,涵盖了人口(Yan et al.,2017)、能源(Wang et al.,2018)、矿产、粮食等多种资源类型。船舶运输是国际商品贸易,尤其是大宗商品(石油、煤炭、铁矿石、粮食等)贸易中使用最广泛的运输方式,对世界经济有着重要影响。复杂网络分析是贸易分析中的常用方法,它通过对贸易统计数据进行贸易网络建模,应用复杂网络理论等网络分析方法得到贸易网络的结构特征和演化方式(Wang et al.,2016)。现有研究中多是利用贸易统计数据进行宏观层面的分析,如联合国贸易数据库、国际能源署的统计数据库(Zhong et al.,2017)。

船舶轨迹数据采集手段的丰富,促进了船舶轨迹数据在船舶交通流贸易研究中的应用和发展。利用 AIS 数据研究海运贸易网络的结构和特征受到越来越多的关注。Kaluza 等(2010)基于 AIS 数据构建了集装箱船、油轮、散货船等三种船舶类型的运输网络,并且基于复杂网络理论分析了每种船舶运输网络的结构和特征。尽管该研究只是应用了船舶航行中的出发点和目的地,但其将精细的船舶交通流特征映射为贸易运输网络的思想成为利用 AIS 数据分析船舶交通流贸易特征的有益尝试。孙涛等(2018)继承并发展了这种思想,通过挖掘 AIS 数据中船舶交通流的到港停留行为,构建以港口为节点、港口间往来船舶交通流为连边的"一带一路"国际航运贸易网络,并提取了区域内国家或地区间的航运贸易特征,从而评估了该区域内的贸易往来关系。航运贸易流向(梅强 等,2018)、贸易社区探测(孙涛 等,2018)、核心网络(或骨架网络)识别(Peng et al.,2019)、港口竞争分析(李振福 等,2019)等研究也先后被发展和应用。Peng 等(2019)利用 AIS 数据建立了港口为节点的全球原油运输网络,并且设计了中心度、聚类系数、同配系数等基于复杂网络的指标来评估网络结构,同时应用 k-core 分解识别了全球原油运输网络的核心网络。他们发现基于 AIS 轨迹数据构建的港口间全球原油运输网络呈现出轮辐式结构,并且随着时间的增加,网络中枢纽港口的数量和港口之间往来的航线数量不断增加。尽管现有研究证明了利用船舶轨迹数据分析海运贸易的可行性,但多停留在基于船舶交通流特征分析海运拓扑网络的初级阶段,并未探讨计算船舶轨迹载重对海运贸易量分析的可行性。相对于船舶交通流特征,船舶货物运输量才是海运贸易的真实反映,因此,有必要发展新的方法实现船舶轨迹载重计算,将海运贸易分析细化到船舶轨迹尺度。

1.2.6 存在问题

相对于其他船舶轨迹采集手段,AIS 系统在采样频率、覆盖范围、定位精度和公开获取等方面具有优越性,AIS 数据已广泛应用于船舶轨迹的研究。因此,以 AIS 数据作为船舶轨迹数据源,开展船舶轨迹抽象与载重建模研究。尽管现有文献在基于船舶轨迹的海运交通研究中已经报告了大量开创性和重量级的成果,但现有研究聚焦于船舶轨迹时空特征挖掘,较少考虑地理情景语义对船舶活动的约束,并且目前海运贸易分析的研究并没有细化到船舶轨迹尺度,这不利于海运交通与海运贸易深层次特征与规律的挖掘,限制了船舶轨迹数据在海运贸易分析中的应用。现有基于船舶轨迹的海运交通与海运贸易分析研究仍然存在诸多不足,具体体现在以下几方面:

① 对于船舶活动轨迹分析而言,仅依靠轨迹自身特征挖掘往往不能获取真正感兴趣的知识,其忽略轨迹数据的语义关联,使得知识获取的实际意义降低。船舶轨迹数据记录了翔实的船舶时空信息,但停留、移动、装卸、转向等语义信息匮乏,而海运交通和海运贸易建模与分析需要高语义信息的船舶航行活动。因此,需要新的船舶活动分析方法实现船舶轨迹自身特征和语义知识的联合获取。

② 对于船舶轨迹抽象和航线提取而言,现有方法主要关注轨迹数据的时空和几何特征,较少关注轨迹活动发生的地理情景,使得对于船舶行程轨迹的划分并没有通用标准。然而,船舶行程轨迹是船舶交通流分析和船舶航线提取的基础,有必要发展一种船舶行程轨迹通用划分方法,并在此基础上实现船舶轨迹分析和航线提取。

③ 对于船舶轨迹数据应用服务而言,尤其是 AIS 数据在海运贸易分析中的应用,目前并没有计算船舶轨迹载重的方法,无法计算船舶单个行程轨迹的货物运输量,限制了船舶轨迹在细粒度海运贸易分析中的应用。现有方法多以船舶交通流量来分析关键节点(如港口)的贸易往来,然而运量才是海运贸易的真实反映,缺少基于 AIS 数据定量分析海运贸易的方法。尽管贸易统计数据在定量分析海运贸易中发挥了重要作用,但统计数据常常是国家尺度的年度统计数据,AIS 数据记录了船舶个体尺度秒级分辨率的信息,在精细分析海运贸易中显示了巨大潜力。因此,船舶轨迹尺度的海运贸易分析更能直观反映海运贸易的本质特征,提供更多分析的角度。

1.3 研究目标

针对南海丝路区域船舶轨迹抽象与载重建模,本书研究目标是构建一套"船舶停留点和港口识别-船舶轨迹抽象-船舶轨迹载重建模-海运贸易网络分析"的南海丝路海运交通与海运贸易分析方法:① 解决海量船舶轨迹数据时空特征丰富但语义特征匮乏不利于发现其隐含知识的问题;② 面向海量船舶轨迹数据,研究船舶轨迹分析抽象和船舶航线提取的解决方法;③ 构建船舶轨迹载重模型实现船舶每一行程轨迹载重量的计算,将海运贸易分析的研究细化到船舶轨迹尺度,从而拓展船舶轨迹数据在海运交通与海运贸易分析中的应用,为海上态势感知、航行安全、政策制定、海运贸易分析等提供决策支持。

1.4 研究内容与技术路线

以海量船舶轨迹数据为基础进行船舶轨迹抽象和载重建模研究,实现海运交通建模与分析还存在诸多问题:① 船舶轨迹数据时空特征丰富但语义信息匮乏,而海运交通与海运贸易建模和分析需要高语义信息的船舶航行活动;② 仅依靠轨迹数据特征无法实现船舶行程轨迹通用划分,不利于轨迹分析与航线提取;③ 尚无完备方法实现船舶轨迹载重的计算,限制了船舶轨迹应用于海运贸易分析。为了解决上述问题,本书制定了"船舶停留点与港口识别-船舶轨迹抽象-船舶轨迹载重建模-海运贸易网络分析"的研究技术路线(图 1-4),并确定了三个主要研究内容:

① 地理知识约束的船舶停留点与港口识别研究。针对海量船舶轨迹数据时空特征丰富但语义特征匮乏不利于发现其隐含知识的问题,提出一种地理知识约束的船舶停留点和港口识别方法。首先,在港口位于海岸线、港口附近的水深满足一定阈值、港口与道路相连、港口陆地区域多为不透水面、港口区域停靠有船舶等地理知识的约束下,挖掘船舶轨迹自身特征实现船舶在港口区域停留点的识别。其次,从轨迹特征、地理语义两方面选取船舶停留方式分类特征,构建基于随机森林的船舶停留方式分类模型,区分船舶泊位停留和锚地停留两种停留方式。最后,基于船舶停留方式分类后的船舶泊位停留生成港口泊位多边形,以港口泊位多边形聚类提取港口点位。

② 船舶轨迹抽象与船舶航线提取研究。针对仅依靠轨迹数据特征无法

第1章 绪　论

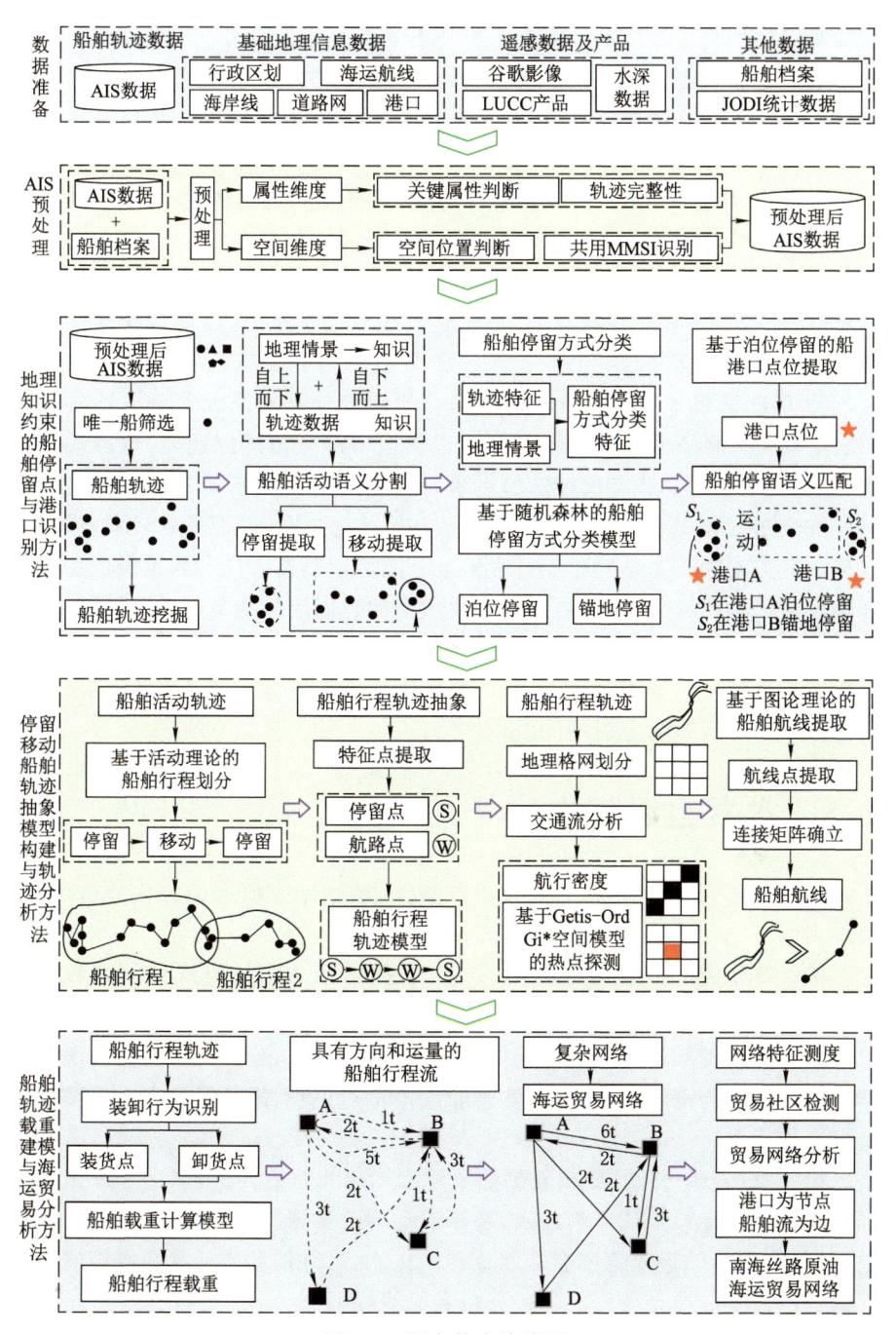

图 1-4　研究技术路线图

实现船舶行程轨迹通用划分不利于轨迹分析与航线提取的问题,提出一种船舶轨迹抽象和轨迹分析方法。该方法将船舶行程轨迹抽象为船舶停留特征点(停留点)与移动特征点(航路点)的组合,其中停留点即船舶在港口处停留轨迹段的特征点,航路点即船舶移动轨迹段中航行速度或航行角度发生明显变化的特征点,构建"停留点→航路点→停留点"船舶行程轨迹抽象模型,实现船舶行程轨迹的通用划分。然后以船舶行程轨迹抽象模型为基础,基于图论理论进一步聚类海量船舶行程轨迹的停留点和航路点,提取表征船舶航线的航线点(停留航线点和航路航线点)并建立航线点连接矩阵,以海运交通图的形式生成船舶航线。

③ 船舶载重计算模型与海运贸易分析研究。针对尚无完备方法实现船舶轨迹载重计算不利于船舶轨迹应用于海运贸易分析的问题,构建船舶载重计算模型,实现船舶轨迹尺度的海运贸易分析。通过分析船舶行程轨迹起讫点处的吃水变化识别船舶在港口处的装卸行为,进而构建船舶轨迹载重模型,获得具有方向和载重量的船舶行程轨迹。然后以具有方向和载重量的船舶行程轨迹为最小研究单元,在复杂网络视角下构建以港口为节点、港口间往来的船舶轨迹为边、船舶轨迹的方向为边的方向、船舶轨迹的载重量为边的权重的有向加权海运贸易网络,实现船舶轨迹尺度的细粒度海运贸易分析,拓展船舶轨迹数据在海运贸易分析中的应用。

1.5 本书组织架构

第1章绪论,阐述本书研究背景与意义,综述本书研究的国内外进展,提出本书的研究目标、主要研究内容与研究技术路线。

第2章研究区与数据,描述研究区概况,介绍本书研究所使用的数据资料,并重点对AIS船舶轨迹数据进行介绍和预处理研究。

第3章地理知识约束的船舶停留点与港口识别,提出一种地理知识约束的船舶停留点与港口识别方法,实现船舶停留点识别、船舶停留方式分类以及港口点位提取。

第4章"停留-移动"船舶轨迹抽象模型构建与轨迹分析,以上一章识别的船舶停留点和港口点位作为输入,基于活动理论构建"停留-移动"船舶轨迹抽象模型,实现船舶行程轨迹准确划分和简化表达,并以船舶行程轨迹为研究单元进行南海丝路典型商船的轨迹分析和航线提取。

第5章船舶轨迹载重建模与原油海运贸易分析,在上一章船舶行程轨迹准确划分的基础上,研究船舶轨迹载重计算模型,实现船舶每一行程载重量的计算。以具有方向和运量的原油货轮行程轨迹为最小研究单元,构建海运贸易网络,进行南海丝路原油海运贸易分析。

第6章结论与展望,总结本书主要研究结论和创新点,展望下一步研究改进的方向。

第 2 章 研究区与数据

2.1 研究区概况

南海丝路是"一带一路"的重要分支,主要指东起中国东部沿海经南海、马六甲海峡、印度洋、苏伊士运河、地中海等,覆盖东亚、东南亚、南亚、西亚、东非,西至欧洲的海运走廊(吴迪 等,2018;许培源,2018),是中国与南海丝路沿线国家进行海运贸易交流与合作的桥梁(王成 等,2018)。"一带一路"不是一个封闭的体系,而是一个开放、包容的国际区域经济合作网络,故很难在地图上绘制其绝对的边界。因此,在参考已有文献的基础上,重点关注"天津-上海-泉州-广州-北海-马尼拉-胡志明-新加坡-雅加达-科伦坡-加尔各答-瓜达尔-蒙巴萨-塞得-比雷埃夫斯"的海运通道。后续章节中的"南海丝路"泛指本书的研究区。

本书的研究区为经度 20°E~142°E、纬度 11°S~42°N 之间的海域。研究区海域总面积约为 4 200 万 km²,包括渤海、黄海、东海、南海、菲律宾海、阿拉伯海、波斯湾、红海、地中海、印度洋等海域。南海丝路区域的周边国家主要有东亚国家(中国、韩国、日本)、东南亚国家(越南、柬埔寨、泰国、缅甸、菲律宾、文莱、马来西亚、印度尼西亚、新加坡、东帝汶)、南亚国家(印度、巴基斯坦、孟加拉国、斯里兰卡)、西亚国家(伊朗、伊拉克、科威特、卡塔尔、巴林、阿联酋、阿曼、也门、沙特阿拉伯等)、非洲国家(埃及、肯尼亚、坦桑尼亚等)、欧洲国家(希腊、塞浦路斯、土耳其等)。

2.1.1 水文及气象条件

南海丝路的大部分海域属于热带、亚热带气候,海表温度的季节差异较小,年均海表温度在 27 ℃ 左右。纬度 11°S 至北回归线之间的海域海表温度常年处于20 ℃以上。中国东部沿海,尤其是纬度30°N以北海域的海表温度具有明显的季节性差异,冬季海表温度最低在零度以下,但鲜有海冰形成,夏季海表温度在20 ℃以上。此外,南海丝路海域全年处于无冰期,该区域通航不受海冰影响。

南海丝路区域位于亚洲-澳洲季风区(印度季风/南亚季风、东亚季风、西北太平洋季风和澳洲季风)和非洲季风区(北非季风)(郝青振 等,2016),具有明显的季节差异。季节划分按照北半球计,按照参考文献(郑崇伟,2018)中的季节划分,以12—2月为冬季,3—5月为春季,6—8月为夏季,9—11月为秋季。冬季以2月为代表月,春季以5月为代表月,夏季以8月为代表月,秋季以11月为代表月,分析2017年南海丝路区域四季的海面风速空间分布,海面风速的数据来源为ICOADS(international comprehensive ocean-atmosphere data set)数据集。冬季冷空气对南海、中国东部沿海、西太平洋造成较大影响,东北季风盛行,使得中南半岛东南海域、西沙群岛、菲律宾海和西太平洋日本海域形成大风区(郑崇伟,2018),最高风力可达10级。北印度洋大部分区域受到冷空气的影响较小。春季西南季风开始盛行,阿拉伯海和孟加拉湾的冷空气基本消退,在斯里兰卡周边水域和阿拉伯海形成大风区(郑崇伟,2018)。春季南海、中国东部沿海和西太平洋受到冷空气的影响虽然也已基本消退,但西南季风尚未盛行,该季节上述海域的风力普遍较小。夏季西南季风完全盛行,阿拉伯海的风力可达6—8级,在索马里海域形成大风区,孟加拉湾风力次之,南海、中国东部沿海和西太平洋的风力明显低于北印度洋,风力多在4级以下(王加胜,2014)。秋季西南季风逐渐消退,冷空气出现,且冷空气对南海的影响明显高于北印度洋。

南海丝路区域多数地区受热带季风控制,热带气旋灾害频发。1970—2020年,分析南海丝路区域热带气旋历史轨迹的空间分布,热带气旋的数据来源为IBTrACS(international best track archive for climate stewardship)数据集(Knapp et al.,2010)。除纬度5°S～5°N范围海域、地中海和红海海域外,研究区内的其他海域都受到热带气旋的影响,其中西太平洋、中国沿海、北印度洋是热带气旋活动最为频繁的区域。南海是全球热带气旋活动最为频繁且强度最大的区域之一,一年四季均有台风活动(王辉 等,2020)。北印度洋的热带气旋集中在纬度5°N以北的海域,孟加拉湾和阿拉伯海是热带气旋分布的集中区域,且孟加拉湾热带气旋发生的频率高于阿拉伯海。

南海丝路区域受季风的影响,海浪也呈现出季节性差异。分析2018年南海丝路区域风浪波高的空间分布,风浪波高数据来源为欧洲中期天气预报中心(ECMWF)的 ERA-interim 海浪数据集。从海区来讲,北印度洋秋季和冬季的风浪波高呈现出由南向北逐渐递减的趋势,风浪波高由 2 m 逐渐下降到 1 m 以下。秋冬季节阿拉伯海和孟加拉湾的波高小于印度洋中部的波高。同时,冬季索马里海域和斯里兰卡周边海域形成了小范围的 1.5~2 m 波高高值区,而其周围的海域波高为 1~1.5 m。春季北印度洋海域的风浪波高依然呈现出由南向北逐渐递减的趋势,但相比于秋冬季,北印度洋春季的波高有所增加,最低波高在 1 m 以上,大部分区域的波高大于 1.5 m。冬季北印度洋海域的波高明显增大,阿拉伯海的波高增长最为明显,可以形成 4 m 左右的高值区。南海的波高表现为秋冬季节风浪大,春夏季节风浪小。冬季南海区域的东北部形成海浪 2 m 以上的高值区,除冬季外,南海区域的风浪波高呈现出从南向北逐渐递增的趋势。夏季南海区域的风浪波高在 1.5 m 左右,春季南海的风浪波高为全年最小(王加胜,2014),几乎整个南海的风浪波高都在 1 m 以下。

2.1.2 南海丝路海运贸易

南海丝路区域航线众多、港口密布,是连接太平洋、印度洋和大西洋,连接亚洲与欧洲、亚洲与非洲的桥梁和纽带。全球集装箱贸易东西航线中的亚欧航线位于该区域(占世界集装箱贸易的近 25%)。此外,中东-马六甲海峡-东亚的石油运输航线承担了全球一半以上的石油运输量(Cheng et al.,2019)。因此,南海丝路区域是全球海运贸易的重要通道之一。

2013 年,我国提出了共建"一带一路"倡议。2015 年 3 月,我国发布了"一带一路"的政府白皮书《推动共建丝绸之路经济带和 21 世纪海上丝绸之路的愿景与行动》(以下简称《愿景与行动》)。《愿景与行动》的发布使得"一带一路"倡议有了指导纲领,"一带一路"倡议秉承"和平合作、开放包容、互学互鉴、互利共赢"的发展理念,强调"共商、共建、共享"的原则,重点实现区域之间的政策沟通、设施联通、贸易畅通、资金融通、民心相通,构建惠及全人类的利益共同体、命运共同体和责任共同体。《愿景与行动》指出南海丝路建设的重点就是促进南海丝路区域的海运贸易,构建中国至东南亚、南亚、西亚、印度洋、非洲、欧洲的海上通道。

"一带一路"倡议实施以来,南海丝路区域的海运互联互通不断加强,2020年宁波航运交易所发布的海上丝路贸易指数显示,我国与南海丝路沿线国家的进出口贸易保持了良好的增长势头,进出口贸易额不断刷新历史最高值。南海丝路区域 2019 年的年均进出口贸易指数为 133.08 点,年均出口贸易指数为 144.33 点,年均进口贸易指数为 121.64 点。相比于 2014 年,年均进出口贸易指数增长 6%,年均出口贸易指数增长 7%,年均进口贸易指数增长 6%,表明南海丝路倡议建设以来我国与南海丝路沿线国家的进出口贸易均实现不同程度的增长。东南亚、印度、沙特阿拉伯、伊朗等国家和地区是中国在南海丝路区域主要的贸易伙伴,在南海丝路倡议建设期间与中国的进出口贸易总额在波动中呈现增长趋势,其中越南和印度均实现较大增幅,南海丝路倡议对于促进区域内的发展与合作增效显著。

2.2 数据资料

本书所用的数据资料包括船舶轨迹数据、基础地理信息数据、遥感数据及其产品和其他数据。船舶轨迹数据为 AIS 数据,基础地理信息数据包括世界各国的行政区划、道路网数据、海岸线、港口、船舶航线等矢量数据。遥感数据及其产品包括谷歌影像、水深数据、土地利用与土地覆盖变化(LUCC)数据等。其他数据有船舶档案数据、贸易统计数据等。本研究涉及的数据资料概况见表 2-1。

表 2-1 数据资料概述

数据类型	数据名称	时间覆盖	空间覆盖	数据精度	数据格式	数据来源
船舶轨迹数据	AIS 数据	2014—2017 年	全球海域	定位精度 0.000 1°	数据库文件	Exact Earth
基础地理信息数据	世界各国行政区划	—	全球	10 m	shapefile 矢量文件	Natural Earth
	道路网	—	全球	约为 10 m	shapefile 矢量文件	OpenStreetMap
	海岸线	—	全球	10 m	shapefile 矢量文件	Natural Earth
	港口	—	全球	10 m	shapefile 矢量文件	Natural Earth
	船舶航线	2015 年	全球	—	PDF 文件	CIA

表 2-1(续)

数据类型	数据名称	时间覆盖	空间覆盖	数据精度	数据格式	数据来源
遥感数据及其产品	遥感影像	—	全球	—	影像文件	Google Earth
	水深产品	—	全球	15″	栅格文件	GEBCO
	LUCC	2017 年	全球	10 m	栅格文件	清华大学
其他数据	船舶档案	2014—2017 年	全球	—	文本表格	Equasis
	贸易统计数据	2017 年	全球	—	文本表格	JODI

2.2.1 AIS 数据

AIS 系统是船舶间及船岸间进行信息交互的数字助航系统,其设计目的是能够自动向其他船舶或海事部门提供船舶的位置、身份和其他信息,从而避免船舶碰撞。AIS 系统通过 VHF 海上频段广播船舶的相关信息,VHF 无线电波覆盖范围内任何装备 AIS 设备的船舶都能自行互不干扰地发送和接收全部船舶(基站)的 AIS 记录(张靖靖,2015)。因此,AIS 系统可以在没有人为介入的情况下,自动连续地交换船舶航行信息。

国际海事组织(IMO)规定,AIS 系统应该自动向安装有 AIS 设备的岸站、其他船舶和卫星等提供船舶静态信息(船舶身份信息、船舶类型、船舶尺寸等)、动态信息(船舶位置、船舶速度、船舶航向等)以及船舶航次相关信息(吃水、目的地、预计到达时间等)。同时,安装有 AIS 接收器的船舶应该自动接收此类信息。基于此,利用 AIS 系统能够实现对船舶的监控和跟踪。卫星 AIS 技术的发展,将监控和跟踪船舶的能力扩展至全球范围,理论上可获得全球海域内近实时的船舶运动轨迹。AIS 系统示意图如图 2-1 所示。

AIS 数据包含的信息主要分为三类:静态信息、动态信息和航次相关信息。AIS 记录中的静态信息主要包括:海事移动服务标识(maritime mobile service identity,MMSI)、呼号、船名、IMO 编号、船舶长度、船舶宽度、船舶类型等。这些信息与船舶身份特征有关,其数据记录方式一般为人工输入,因此该类信息容易出现错误。AIS 记录中的动态信息主要包括:船舶位置、协调世界时(UTC)、对地航向、对地航速、船首向、航行状态、转向率等。这些信息除航行状态外,其数据记录方式都通过连接于 AIS 系统的传感器自动获取,数据可靠性较高。航行状态信息一般由船舶驾驶员手工输入(耿志兵,2011),具体内容有:在航、锚泊、失控、操纵性受限、捕捞作业等。AIS 记录中与航次相关的信息是指每个航次前要求船舶驾驶员必须手工输入的信息,主要包括:船

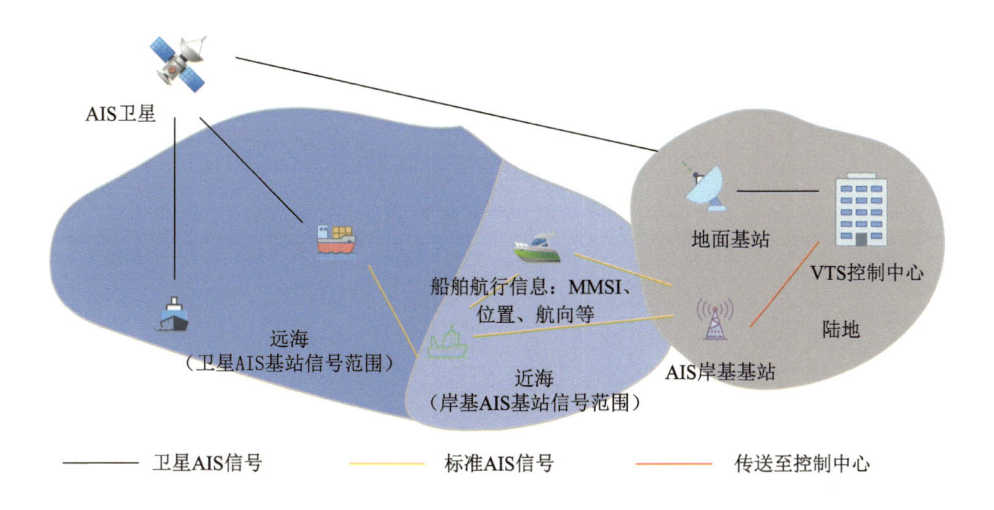

图 2-1　AIS 系统示意图

舶吃水、目的地港和预计到达时间等。与航次相关的信息通常以船岸数据交换的方式向航行经过的国家或地区进行报告（耿志兵，2011）。AIS 信息的更新频率跟信息类型和运动状态有关，静态信息和与航次相关的信息更新频率为 6 min，动态信息的更新频率为 2 s 至 3 min，动态信息在不同运动状态下的更新频率见表 2-2。

表 2-2　AIS 动态信息不同运动状态下的更新频率
（Gunnar et al.，2009）

船舶运动状态	更新频率/(时间/次)
锚泊状态	3 min
航速在 0～14 节之间	12 s
航速在 0～14 节之间且航向发生改变	4 s
航速在 14～23 节之间	6 s
航速在 14～23 节之间且航向发生改变	2 s
航速大于 23 节	3 s
航速大于 23 节且航向发生改变	2 s

AIS 数据为 2014—2017 年的历史 AIS 数据，由 AIS 数据服务商 Exact Earth 公司提供。AIS 数据的空间范围为全球海域，每年 AIS 记录数量超过 25 亿条，提供了超过 35 万艘船舶的活动轨迹。AIS 数据的概述见表 2-3。AIS 记录中包含了船舶身份、活动和航次相关信息，具体的 AIS 记录属性概述见表 2-4。

表 2-3 AIS 数据概述

年份	记录数量	船舶数量	数据量	数据来源	空间覆盖
2014	1 707 889 082	320 775	386 G	Exact Earth	全球
2015	2 307 250 675	327 607	525 G		
2016	3 097 382 780	355 266	702 G		
2017	3 473 397 902	454 736	778 G		

表 2-4 AIS 记录属性概述

属性类别	字段名称	显示名称	字段类型	字段描述	数据质量	示例
静态信息	船舶名称	vessel_name	Text	船舶的名称	良	NORTHERN PRECISION
	呼号	callsign	Text	IMO 分配给每艘船舶的唯一识别代码	良	A8RX3
	IMO 编号	IMO	Integer	IMO 识别代码，船舶名称代码	良	9450296
	MMSI 编号	MMSI	Text	海事移动服务识别号的简称，船舶身份的唯一标识	优	636091716
	船舶类型	vessel_type	Text	船舶的类型。研究所用的 AIS 数据中包括油轮、集装箱船、散货船、普通货船等 15 种船舶类型	良	集装箱船
	船舶长度	length	Float	船舶的长度，单位是米	优	264 m
	船舶宽度	width	Float	船舶的宽度，单位是米	优	32 m

表 2-4(续)

属性类别	字段名称	显示名称	字段类型	字段描述	数据质量	示例
动态信息	船首向	heading	Float	船首向是指船头的行进方向,单位是度	优	312°
	航向	cog	Float	对地航向,单位是度	优	312.2°
	航速	sog	Float	对地航速,单位是节(海里/小时)	优	13.3 节
	经度	longitude	Text	WGS-84 坐标系下船舶位置的经度坐标	优	131.408 988 333°E
	纬度	latitude	Text	WGS-84 坐标系下船舶位置的纬度坐标	优	11.544 363 333 3°N
	协调世界时	utc_time	Date time	AIS 记录报告的时间,由 GPS 设备接收时产生	优	2017/1/1 5:45
	航行状态	nav_status	Text	船舶的航行状态,包括在航、锚泊、失控、操纵性受限、捕捞作业等	中或差	在航
航次相关信息	吃水深度	draught	Float	船舶的吃水深度,单位是米	良	11.6 m
	目的地	destination	Text	船舶航次的目的地	中或差	KAOHSIUNG
	预计到达时间	eta	Text	船舶航次预计到达目的地的时间	中或差	2017/1/13 6:45

2.2.2 基础地理信息数据

研究使用的基础地理信息数据包括世界行政区划、道路网、港口、海岸线和船舶航线等数据。世界行政区划、港口和海岸线数据来源于 Natural Earth(2020),定位精度为 10 m。行政区划数据主要用于底图以及 AIS 数据预处理。港口和海岸线数据用于船舶轨迹挖掘的研究。道路网数据来源于 OpenStreetMap(2020),主要用于船舶停留行为的研究。船舶航线数据为美国中情局(CIA)发布的 2015 版全球海运航线,简称 CIA 航线,主要用于检验提取海运航线的准确性。

2.2.3 遥感数据及其产品

谷歌影像来源于 Google Earth,主要用于船舶轨迹挖掘的研究。水深数据来源于 GEBCO(2020)的格网水深数据产品,由船舶航迹实测水深数据与卫星反演重力数据融合而成(李四海,2015;刘洋 等,2019)。它是当前国际主流的水深数据集之一,主要用于船舶轨迹数据挖掘的研究。LUCC 数据来源于清华大学发布的全球 10 m 分辨率的地表覆盖产品 FROM-GLC10(Gong et al.,2019),其由 2017 年 10 m 分辨率的 Sentinel-2 影像和全球多季节样本点融合而成,主要用于船舶停留行为的研究。

2.2.4 其他数据

船舶档案数据记录了船舶的身份信息(MMSI 编号、IMO 编号、船舶名称等)、尺寸信息(船舶长度、船舶宽度)、载重信息(载重吨、总吨、净吨等)以及其他信息(建造时间、船旗国、发动机额定功率等)。通过船舶身份标识 MMSI 编号将 AIS 记录与船舶档案数据进行连接,用于校准 AIS 记录中船舶的长度、宽度和船舶类型属性信息。船舶档案数据来源于 Equasis 数据库(2019),它集成了英国劳埃德船级社、美国船级社、挪威船级社和德国劳埃德船级社以及 MarineTraffic 和 VesselTracker 等网站的船舶档案数据,其船舶档案数据对公众免费开放。贸易统计数据来源于 JODI(joint organisations data initiative)原油贸易数据库(2020),主要用于评价 AIS 数据分析海运贸易的可行性。

2.3 AIS 数据预处理

2.3.1 AIS 数据质量评价

本小节从属性和空间两个维度评价 AIS 数据的质量。属性维度是评价单条 AIS 记录或单个船舶轨迹是否有效,具体表现为单条 AIS 记录关键属性的可靠性,单个船舶轨迹包含轨迹点的完整性。空间维度是评价船舶轨迹点的时空关系是否正确,具体表现为轨迹点空间位置的准确性、船舶身份唯一的可靠性。

2.3.1.1 属性维度评价

(1) AIS 记录中关键属性的可靠性

本书后续的分析主要用到 AIS 记录中的 MMSI 编号、船舶长度、船舶宽度、船舶类型、经度、纬度、UTC 时间、对地航速、吃水深度等属性字段的信息，故只针对这些关键属性字段评价其可靠性。基于海运交通领域的先验知识和时间地理学约束规则（Hägerstraand,1970;Miller,1991;柴彦威 等,1997）制定一系列的判断规则来评价字段属性的可靠性，当字段属性不满足判定规则时，认为其是无效信息。本书制定的属性判断规则见表 2-5。

表 2-5　AIS 记录的属性字段可靠性判断规则

属性字段	无效判定规则	无效字段举例
MMSI	为空或不是 9 位数字	MMSI 编号为 10000000
船舶长度	为空，船舶长度小于 0，或船舶长度大于 500 m	船舶长度为 749 m
船舶宽度	为空，船舶宽度小于 0，或船舶宽度大于 200 m	船舶宽度为 250 m
船舶类型	为空或船舶类型错误	油轮被标记成了渔船
经度	为空或经度超过 180°	181°
纬度	为空或纬度超过 90°	91°
UTC 时间	为空或时间格式不正确	20170101010162
对地航速	为空，速度小于 0，或速度大于 100 节（Wu et al., 2017）	对地船速为 102.2 节
吃水深度	为空或吃水深度超过 50 m	吃水深度为 51 m

（2）船舶轨迹中轨迹点的完整性

若一条船舶轨迹包含的轨迹点过少，则很难真正反映船舶的活动特征。AIS 信号在传输或接收时丢失，或者船舶只在研究水域内短暂经过，可能会使船舶轨迹只包含少量的轨迹点，本书将这种只包含少量轨迹点的船舶轨迹看作缺失轨迹，认为其包含信息不完整，不应参与后续的船舶活动分析。船舶缺失轨迹的实例如图 2-2 所示。轨迹 1 与轨迹 2 为 2017 年印度洋海域两艘船舶的真实轨迹，轨迹 1 包含 26 个 AIS 轨迹点，轨迹 2 包含 11 个 AIS 轨迹点，由于这两条轨迹包含轨迹点的数量过少而无法反映真实的船舶活动特征，所以认为它们是缺失轨迹。进一步分析可知，轨迹 1 是由于 AIS 信号丢失所致，轨迹 2 是受研究区范围影响，只有部分轨迹点分布在研究区内。

2.3.1.2　空间维度评价

（1）轨迹点空间位置的准确性

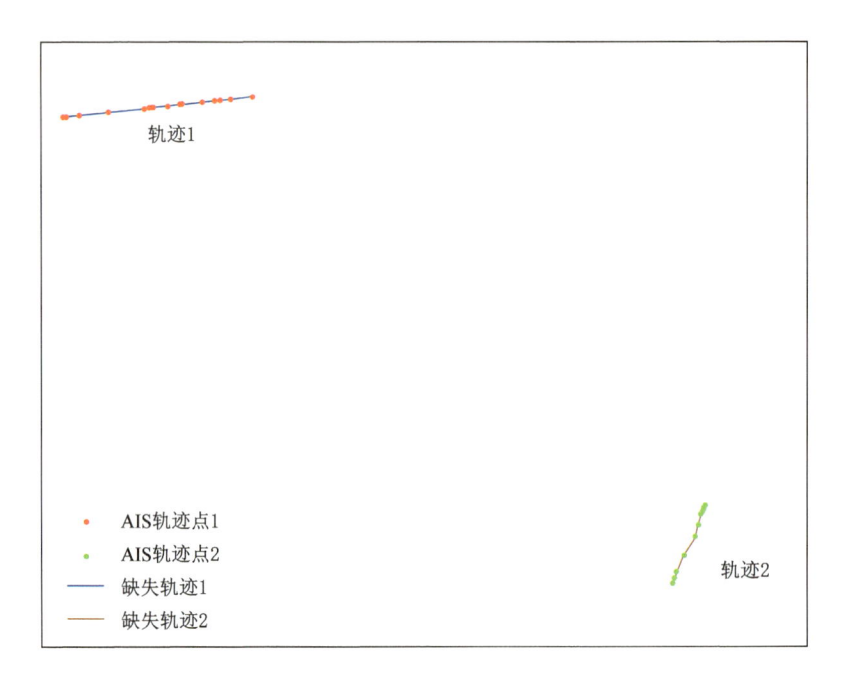

图 2-2　船舶缺失轨迹实例

　　AIS 系统中定位信息是通过接入 GPS 导航系统获取的,因此 AIS 记录中的位置精度由导航系统所决定。通过对现有 AIS 数据分析可知,AIS 轨迹点存在位置错误的情况,具体表现为轨迹点位置发生漂移,如陆地上的 AIS 轨迹点、连续轨迹的锯齿状结构等。当空间位置不准确的轨迹点占比过高时,则认为该条轨迹的可靠性较差。图 2-3 所示为中国沿海两条空间位置不准确的轨迹点的船舶轨迹实例。轨迹 1 中部分轨迹点的位置位于陆地上[图 2-3(a)],轨迹 2 中部分连续轨迹点呈现出锯齿状结构,不符合船舶正常航行中的运动学规律[图 2-3(b)]。

　　(2) 船舶身份唯一的可靠性

　　MMSI 编号是 AIS 系统中识别船舶身份的唯一标识,理论上每艘船舶的 MMSI 编号都是不同的,然而如果没有按照规定的流程安装 AIS 设备或者有未知的设备故障,会导致不同的船舶出现共用一个 MMSI 编号的情况。Harati-Mokhtari(2007)在研究中发现从 2005 年 11 月 23 日至 2006 年 5 月 2 日有多达 25 艘船舶发送了错误的 MMSI 编号 1193046。MMSI 编号长度显示正确,即是 9 位数字码,但 AIS 设备安装过程中未知的错误仍可能导致出现

第 2 章　研究区与数据

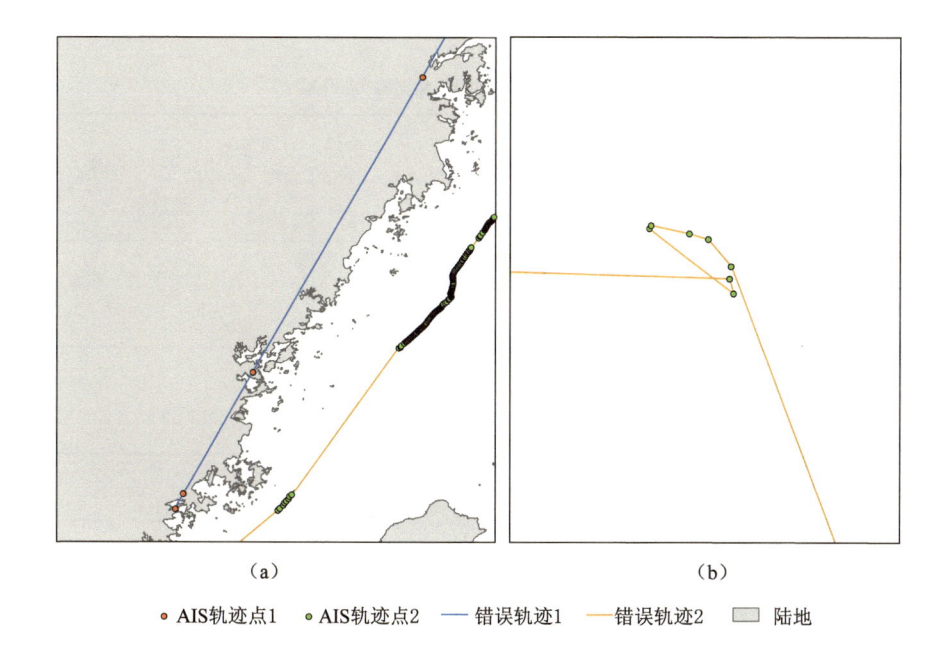

(a)　　　　　　　　　　　　　(b)

● AIS轨迹点1　● AIS轨迹点2　—— 错误轨迹1　—— 错误轨迹2　▨ 陆地

图 2-3　空间位置不准确的船舶轨迹实例

不同船舶共用 MMSI 编号的情况。表 2-6 显示了本书研究数据中共用 MMSI 编号的实例。两艘船舶共用 MMSI 编号 700000000，其 IMO 编号、船舶名称、呼号、船舶类型、船舶长度、船舶宽度等均不相同，可以看出这两艘船舶 AIS 记录报告的时间存在交叉。图 2-4 所示为共用 MMSI 编号 700000000 的两艘船舶的部分轨迹。对于时序相邻的 4 个船舶轨迹点 p_1、p_2、p_3、p_4，p_1 与 p_4 位于菲律宾沿海[图 2-4(b)]，p_2 与 p_3 位于印度洋海域[图 2-4(c)]，这 4 个轨迹点形成的连续轨迹段分别为：$p_1 \rightarrow p_2$，距离 4 597.935 km，时差 49 min 4 s，平均船速 3 035.9 节；$p_2 \rightarrow p_3$，距离 0.043 km，时差 10 s，平均船速 8.4 节；$p_3 \rightarrow p_4$，距离 4 597.893 km，时差 10 min 44 s，平均船速 13 878.2 节。通过分析容易得出，$p_1 \rightarrow p_2$ 轨迹段与 $p_3 \rightarrow p_4$ 轨迹段的船速明显不满足时间地理学中的能力制约（Hägerstraand，1970），应视为是异常活动。进一步分析可知，p_1 与 p_4 属于一艘船舶，p_2 与 p_3 属于另一艘船舶，之所以出现 $p_1 \rightarrow p_2$ 与 $p_3 \rightarrow p_4$ 明显错误的轨迹段是由于两艘船舶共用 MMSI 编号 700000000 所致。本书将 $p_1 \rightarrow p_2$ 与 $p_3 \rightarrow p_4$ 这种船舶在较短时间内发生大范围移动的现象称为"船舶跳跃"，这也是船舶共用 MMSI 编号的显著特征。因此，需要检测不同船舶共用 MMSI 的情况,以保证船舶轨迹分析的正确性。

表 2-6 不同船舶共用 MMSI 编号实例

MMSI 编号	IMO 编号	船舶名称	呼号	船舶类型	船舶 长度 /m	船舶 宽度 /m	AIS 记录时间范围 (2017 年)
700000000	—	—	INDO"S	渔船	19	8	2017-01-01 00:27:28 至 2017-12-26 02:12:12
700000000	9719874	CAPE PIONEER	TELNAV	集装箱船	272	43	2017-01-01 03:34:59 至 2017-12-31 14:46:34

p_1: MMSI700000000, IMO9719874, 位置120.220933333°E,
14.8285516667°N, 时间2017-01-01 02:45:55
p_2: MMSI700000000, IMO为空, 位置182.17163°E,
2.236855°S, 时间2017-01-01 03:34:59
p_3: MMSI700000000, IMO为空, 位置82.17163667°E,
2.2364667°N, 时间2017-01-01 03:35:09
p_4: MMSI700000000, IMO9719874, 位置120.220621667°E,
14.8287816667°N, 时间2017-01-01 03:45:53

轨迹点时序排列:
$p_1 \rightarrow p_2 \rightarrow p_3 \rightarrow p_4$

船舶轨迹点
船舶轨迹

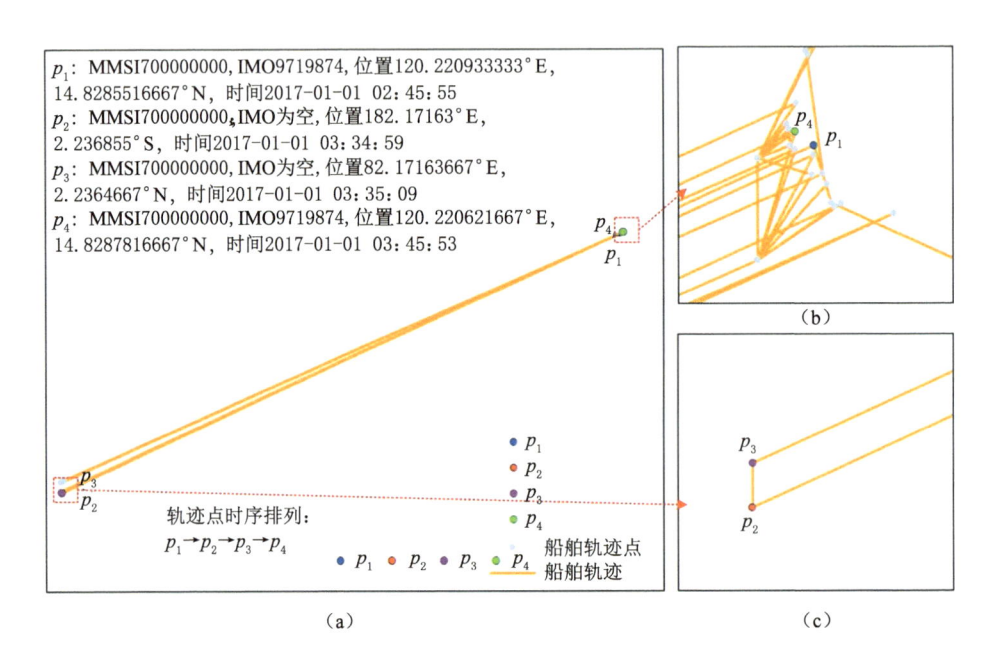

(a)　　(b)　　(c)

图 2-4 不同船舶共用 MMSI 编号实例

2.3.2 面向数据质量维度的预处理方法

针对 AIS 数据中存在的问题,根据 2.3.1 小节所述影响 AIS 数据质量的因素,提出一套针对属性维度和空间维度的 AIS 数据预处理方法。

2.3.2.1 针对属性维度的预处理

由于 AIS 系统采集频率快,船舶轨迹中的许多轨迹点具有高度相似性。若从原始轨迹中剔除少部分轨迹点不会影响船舶轨迹的整体运动形态,这也是轨迹压缩的基础(张远强 等,2020)。大量研究表明,AIS 数据中具有无效关键属性的记录占比很低(Cheng et al.,2019;赵梁滨,2019),可以考虑删除无效记录。针对本研究用到的关键属性信息,提出"删除-补充-更新"特定属性预处理策略。对于 MMSI 编号、经度、纬度、UTC 时间、吃水深度属性出现错误的 AIS 记录采用删除策略,即删除上述错误记录。对于船舶类型、船舶长度、船舶宽度属性质量不佳的 AIS 记录采用"补充-更新"策略。通过与船舶档案数据进行对比,当 AIS 记录中船舶类型、船舶长度、船舶宽度属性为空时,根据船舶档案数据进行补充;当 AIS 记录中船舶类型、船舶长度、船舶宽度属性出现错误时,根据船舶档案数据进行更新。对于对地航速属性发生错误的 AIS 记录采用"更新-删除"策略,当船舶轨迹的对地航速发生错误时,利用其与该船舶相邻轨迹点的平均航速进行更新,若计算的平均航速仍然不满足正确航速的范围,则删除这条记录。对地航速报告错误的轨迹点的平均航速计算公式如下:

$$\bar{v}_i = \begin{cases} \dfrac{\mathrm{dis}(\overrightarrow{p_i,p_{i-1}}) + \mathrm{dis}(\overrightarrow{p_i,p_{i+1}})}{t_{i+1}-t_{i-1}}, & 1 < i < n \\ \dfrac{\mathrm{dis}(\overrightarrow{p_i,p_{i+1}})}{t_{i+1}-t_i}, & i = 1 \\ \dfrac{\mathrm{dis}(\overrightarrow{p_i,p_{i-1}})}{t_i-t_{i-1}}, & i = n \end{cases} \qquad (2\text{-}1)$$

式中 $\bar{v}_i$——用于更新航速错误的轨迹点 p_i 的平均航速;

t_i——轨迹点 p_i 报告的时间;

n——轨迹点 p_i 所属船舶包含的 AIS 记录数量。

$\mathrm{dis}(\overrightarrow{p_i,p_{i-1}})$——轨迹段 $\overrightarrow{p_i,p_{i-1}}$ 的距离,即轨迹点 p_i 与 p_{i-1} 之间的球面距离,其计算公式如下:

$$\mathrm{dis}(\overrightarrow{p_i,p_{i-1}}) = R * \arccos \begin{bmatrix} \cos(\mathrm{lat}_{p_i})\cos(\mathrm{lat}_{p_{i-1}})\cos(\mathrm{lon}_{p_i}-\mathrm{lon}_{p_{i-1}}) + \\ \sin(\mathrm{lat}_{p_i})\sin(\mathrm{lat}_{p_{i-1}}) \end{bmatrix} \qquad (2\text{-}2)$$

式中 R——地球半径,本书计算时取值为 6 371 km;

lat_{p_i} 与 lon_{p_i}——轨迹点 p_i 在 WGS-84 坐标下的纬度坐标和经度坐标;

p_{i-1} 与 p_{i+1}——与轨迹点 p_i 是同一艘船舶且与该点时序前后相邻的两个轨迹点。

当 $\bar{v}_i$ <100 节时,用 $\bar{v}_i$ 更新轨迹点 p_i 错误的对地航速;否则,删除该条记录。速度阈值 100 节是参考文献(Wu et al.,2017)中的取值。当上述关键属性处理后,继续判断船舶轨迹包含轨迹点数量的完整性。如果船舶轨迹在关键属性预处理之后剩余 AIS 记录数量少于轨迹点数量阈值,则删除该船舶对应的 AIS 记录。综合赵梁滨(2019)和 Yan 等(2020a)对不完整轨迹的定义,将船舶轨迹最少应包含的轨迹点数量阈值设置为 120。针对属性维度的 AIS 数据预处理方法的流程如图 2-5 所示。

2.3.2.2 针对空间维度的预处理

空间信息错误的轨迹点对于船舶活动信息提取的影响要大于属性信息错误的轨迹点,这是由于船舶活动信息提取的关键是船舶活动的位置,因此需要利用预处理消除空间信息错误的轨迹点对船舶活动分析结果的影响。针对空间位置不准确的轨迹点以及不同船舶共用 MMSI 编号的情况,提出针对空间维度的 AIS 数据预处理方法,其算法步骤如下:

① 删除空间位置位于陆地的轨迹点。通过将船舶轨迹点与陆地图层进行叠置分析,判断轨迹点是否位于陆地上。若轨迹点位于陆地上,则删除该轨迹点。

② 识别共用 MMSI 编号的船舶,并进行唯一船划分。首先利用 MMSI 编号将原始 AIS 数据划分成不同的船舶轨迹数据集,并且每个船舶轨迹数据集中的轨迹点都按照时间顺序进行排列。对于同一 MMSI 编号的船舶轨迹数据,依次计算轨迹点与时间相邻前一个轨迹点之间的平均船速,平均船速的计算为两个轨迹点之间的距离除以时间间隔,若平均船速小于 100 节,则认为这两个轨迹点属于同一艘船舶,然后将该轨迹点放入轨迹点集合 S_i;否则,认为该轨迹点发生了 MMSI 共用,应该属于另外一艘船舶,此时将该轨迹点放入轨迹点集合 S_{i+1}。继续判断下一个轨迹点的平均航速,若平均航速小于 100 节,则将该轨迹点放入轨迹点集合 S_{i+1};否则,计算该点与已有轨迹点集合 S_i 的平均航速,若平均航速小于 100 节,则将该轨迹点放入轨迹点集合 S_i,反之认为该轨迹点属于一艘新的船舶,放入新的轨迹点集合 S_{i+2}。重复上述操作,直至遍历完同一 MMSI 编号的船舶轨迹数据集的所有轨迹点,完成共用 MMSI 的识别与划分。

③ 轨迹完整性判断。统计完成前两步操作后每个船舶轨迹包含的 AIS

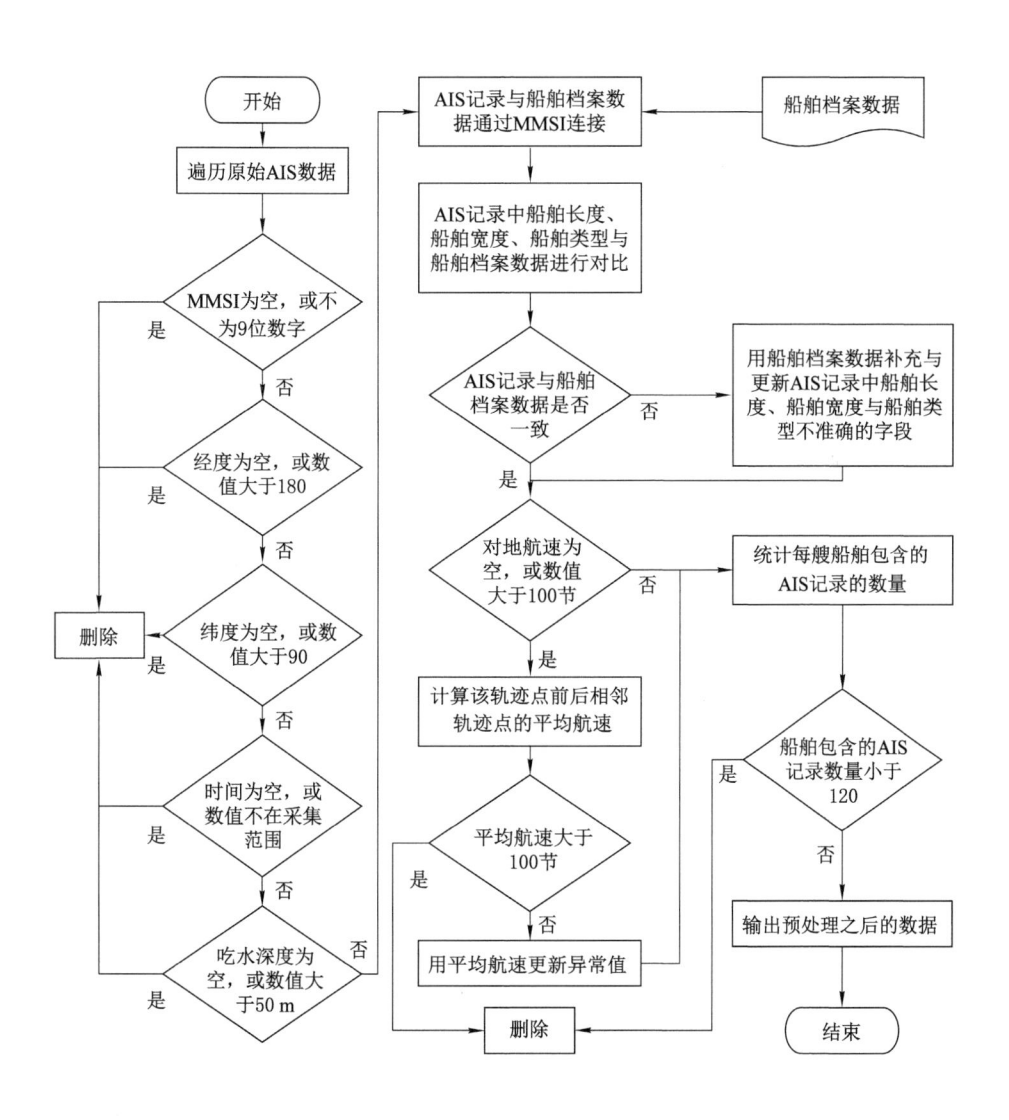

图 2-5 针对属性维度的 AIS 数据预处理方法流程图

记录的数量。若船舶轨迹包含的 AIS 记录的数量小于 120,则认为船舶的轨迹不足以支撑后续船舶活动的分析,删除该船舶轨迹包含的所有轨迹点;否则,保留该船舶轨迹。至此,完成 AIS 数据空间维度的预处理。

图 2-6 所示为针对空间维度的 AIS 数据预处理方法示例。假设同一 MMSI 编号的原始船舶轨迹为 $p=(p_1,p_2,\cdots,p_{17})$,经过时空约束判断,轨迹点 p_4 与时序相邻前点 p_3 的平均船速大于设定的阈值,因此 p_4 属于另一艘船舶,此时将 p_4 与 p_1、p_2、p_3 放入不同的数据集合 S_2($p_4 \in S_2$)和 S_1($p_1,p_2,p_3 \in S_1$)[图 2-6(b)]。继续计算 p_5 与 p_4 的平均航速,发现其大于航速阈值,由于之前还存在船舶集合 S_1,只能说明 p_5 与 p_4 不属于同一艘船舶,并不能说明 p_5 同样不属于船舶集合 S_1。因此,需要判断 p_5 与船舶集合 S_1 中时序最邻近的轨迹点 p_3 之间的平均航速,通过分析得知,p_5 与 p_3 之间的平航船速小于航速阈值,因此 p_5 与 p_3 属于同一艘船舶,故将 p_5 添加至船舶集合 S_1,此时 $p_1,p_2,p_3,p_5 \in S_1$[图 2-6(c)]。依次判断其他轨迹点,对于轨迹点 p_{16},发现 p_{15} 与 p_{16} 之间的平均航速和 p_{12} 与 p_{16} 之间的平均航速均大于航速阈值,因此 p_{16} 既不属于船舶 S_1 又不属于船舶 S_2,其属于一艘新的船舶,分配新的船舶集合 S_3 并添加该轨迹点,$p_{16} \in S_3$[图 2-6(e)]。当所有轨迹点都进行时空约束判断之后,完成唯一船的划分。此时,原始轨迹被划分成三艘船舶轨迹集合 S_1、S_2 和 S_3。最后,对划分后的船舶轨迹进行完整性检验,即每艘船舶轨迹包含轨迹点的数量不能小于轨迹点数量阈值,由于船舶 S_3 中包含的轨迹点数量小于阈值,认为其不足以支撑后续的船舶活动分析而予以删除[图 2-6(g)]。至此,针对空间维度的预处理完毕,最终将原始轨迹划分成 S_1、S_2 两艘船舶轨迹[图 2-6(h)]。

2.3.3 实验验证与分析

利用 2017 年研究区内的 AIS 数据作为实验数据进行 AIS 数据预处理方法验证,实验数据包含 572 659 134 条 AIS 记录,不考虑 MMSI 共用的情况下包含 303 061 艘船舶。不同类型错误的 AIS 记录的占比见表 2-7。对于属性信息错误,在不考虑不同船舶共用 MMSI 的情况下,实验数据不存在 MMSI 编号不是 9 位数字的记录。由于 Harati-Mokhtari(2007)、赵梁滨(2019)报告了 AIS 数据存在 MMSI 编号不是 9 位数字的错误情况,实验数据没有出现 MMSI 属性错误的原因可能是所用的 AIS 数据经过了 Exact Earth 数据服务商的预处理。实验数据除了不存在 MMSI 属性错误外,UTC 时间和吃水深度属性同样不存在错误记录。实验数据中船舶长度属性错误记录的占比为

同一MMSI的原始船舶轨迹

（a）

（b）

$\bar{v}_{\overrightarrow{p_4p_5}}>v_T, \bar{v}_{\overrightarrow{p_3p_5}}<v_T$

（c）

$\bar{v}_{\overrightarrow{p_5p_6}}>v_T, \bar{v}_{\overrightarrow{p_4p_6}}<v_T$

（d）

S_i为唯一船划分后的轨迹点集合

方法流程：$a \to b \to c \to d \to e \to f \to g \to h$

● 当前判断轨迹点　　● 没有通过轨迹完整性检验

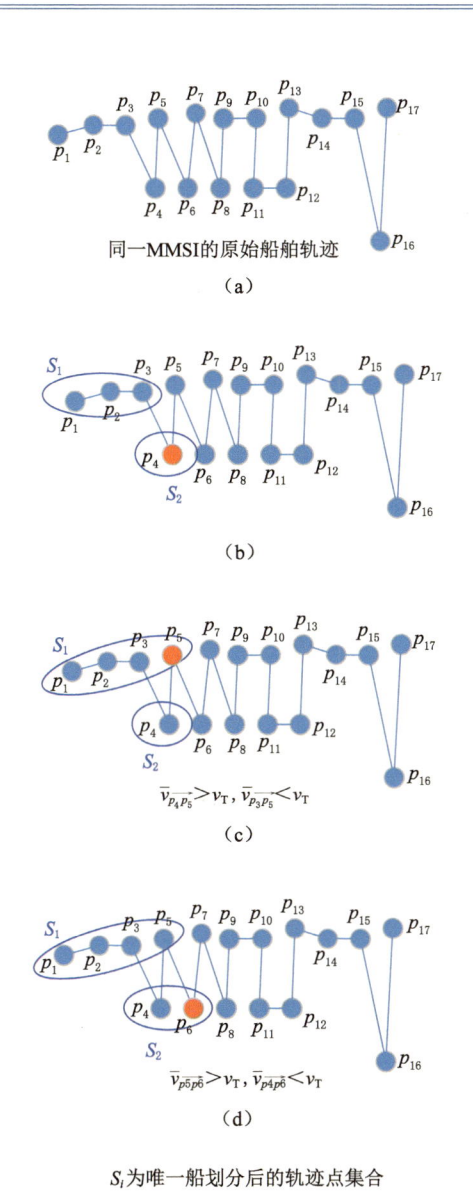

图 2-6　针对空间维度的 AIS 数据预处理方法示例

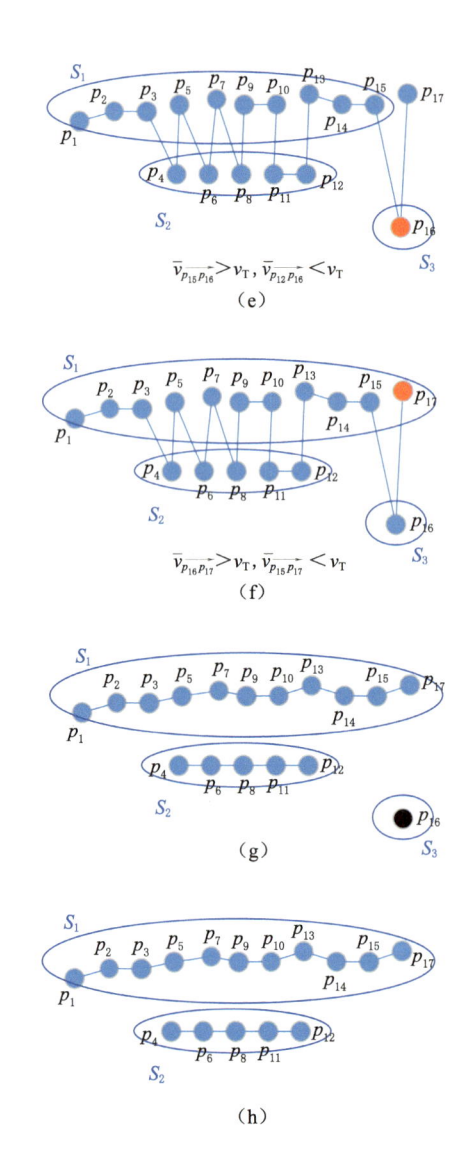

(e) $\overline{v_{p_{15}p_{16}}} > v_T, \overline{v_{p_{12}p_{16}}} < v_T$

(f) $\overline{v_{p_{16}p_{17}}} > v_T, \overline{v_{p_{15}p_{17}}} < v_T$

(g)

(h)

图 2-6 （续）

0.06%，船舶宽度属性错误记录的占比为0.06%，船舶类型属性错误记录的占比为8.27%。船舶轨迹包含记录数量不足120，即船舶轨迹不完整的数据占比为0.03%。由于实验数据在获取过程中已经进行了经纬度坐标范围筛选，因此这里用全球海域的AIS数据统计经纬度属性错误记录的占比，经度和纬度属性错误记录的占比都为0.73%。速度属性错误记录的占比相对较高，为6.94%。综上所述，所用的AIS数据在关键属性的完整性和准确性上质量较好，多项关键属性错误记录的占比不足1%。

表 2-7 研究区内 2017 年 AIS 数据的错误情况统计

质量维度	错误类型	错误记录数量	错误记录占比
属性维度	MMSI	0	0
	船舶长度	364 660	0.06%
	船舶宽度	367 522	0.06%
	船舶类型	47 358 910	8.27%
	经度	—	0.73%[1]
	纬度	—	0.73%[1]
	UTC 时间	0	0
	对地航速	39 725 658	6.94%
	吃水深度	0	0
	轨迹不完整	159 331	0.03%
空间维度	位置错误	22 365 464	3.91%
	共用 MMSI	199[2]	0.06%[2]
预处理	24 719 393	4.32%	
AIS 记录数量	572 659 134		
船舶数量	309 033		

注：① 实验数据是通过研究区范围从全球 AIS 数据中筛选而来，因此实验数据中不存在经纬度错误的情况，这里的经纬度错误记录的占比为 2017 年全球海域范围内经纬度错误的 AIS 记录数量与全球海域总 AIS 记录数量之比。

② 不同船舶共用 MMSI 的错误记录的占比为发生不同船舶共用 MMSI 编号的数量除以实验数据中不同 MMSI 编号的总数量。

空间信息错误、船舶轨迹位置不准确，即船舶轨迹点位于陆地上或船舶轨迹点形成的连续轨迹明显不符合运动学规律的错误记录为 22 365 464 条，占比 3.91%。实验数据发生 MMSI 共用的 MMSI 编号有 199 个，占所有 MMSI

编号数量的 0.06%。尽管空间信息错误的数据占比不高,但是对于后续船舶活动分析的影响较大。利用提出的针对 AIS 数据质量维度的预处理方法对实验数据进行数据清洗,清洗掉的数据记录为 24 719 393 条,占原始数据的 4.32%。

第3章 地理知识约束的船舶停留点与港口识别

时间地理学的基本思想是个体活动受到能力、组合、权威三方面的时空制约(Hägerstraand,1970;Miller,1991;柴彦威 等,1997),故个体在特定的时间内只能在有限的空间范围活动(林广发 等,2002;周素红 等,2010;罗智德,2014)。AIS数据是船舶活动的真实时空信息记录,船舶活动表现的模式和规律受所处情景(环境)的约束,因此船舶轨迹的时空特征客观上由地理情景决定。通过情景感知丰富船舶活动的语义信息有利于挖掘船舶轨迹数据中隐含的知识,从而获得的不仅是数据层面表现出来的特征,而且能实现对船舶交通模式更深层次的理解,为智能海运提供技术支持和决策支撑。

轨迹数据是以一定的时间或空间间隔记录活动主体的时序点集合(邓中伟,2012),具有典型的时空特征。相应地,船舶轨迹可用如下数学表达式来表示:

$$T_p = (p_1, p_2, \cdots, p_n) \tag{3-1}$$

式中 n——组成轨迹 T_p 的船舶轨迹点数量;

p_i——船舶在 t_i 时刻的空间位置,可用 (x_i, y_i, t_i) 来表示,x 和 y 是船舶位置的经纬度坐标。

由于活动主体的运动状态随时间的变化而变化,可认为活动主体轨迹是由一系列时序排列的"静止段"和"移动段"组合而成。根据活动理论(Engeström,2001;Wilson,2006;周晓英 等,2018)可知,轨迹主体在静止状态下的空间位置不随时间的改变而改变,表现为轨迹主体的停留行为;轨迹主体在移动状态下的空间位置则随时间的变化而变化,表现为轨迹主体的移动行为。

停留是轨迹挖掘中一个重要的概念,是指移动对象在一定时间内静止在某个空间位置或在某个空间范围内缓慢移动(向隆刚 等,2016)。停留是具有丰富语义指向的活动,对于提取活动主体的行为和特征具有重要作用,如通过研究动物迁徙轨迹中的停留行为发现动物迁徙轨迹的运动模式以及周期性迁徙地的分布等(Li et al.,2011)。停留点为轨迹数据中具有停留特征的轨迹点,研究者对停留点识别进行了大量研究,目前的研究方法主要分为三种:基于轨迹特征的方法、基于密度聚类的方法、基于地理信息的方法。基于轨迹特征的方法通过挖掘轨迹数据自身特征识别停留点,如速度、距离、停留时间、转向角等(Nogueira et al.,2018)。基于密度聚类的方法通过检测轨迹点在时空中的聚集来识别停留点,如基于DBSCAN的停留点聚类方法(Luo et al.,2017)。基于地理信息的方法是顾及地理背景信息,通过分析移动对象与不同地理实体之间的时空关系来检测停留(Wang et al.,2018)。然而,现有方法对于提取船舶轨迹的停留具有局限性。基于轨迹特征的方法往往针对特定的轨迹数据,通用性欠佳。船舶在海上航行不像陆路交通受道路的限制,具有无约束性、时空跨度大、速度相对较低等特点,导致船舶轨迹数据与陆路交通轨迹数据具有较为明显的差异(郑振涛 等,2019)。尽管基于密度聚类的方法在提取陆路交通轨迹数据的停留点时具有较好的效果,但对船舶轨迹中停留点的识别适用性较差(郑振涛 等,2019)。此外,由于海上地理信息与陆路地理信息相比丰富性较低,故鲜有基于地理信息方法提取船舶轨迹停留点的报道。

除了渔船捕鱼停留、船舶故障停留等特殊情况外,船舶正常航行中的停留多发生在港口,对于船舶活动分析而言,尤其是商船的贸易运输分析,识别船舶在港口处的停留是船舶活动知识发现和行为判别的基础。另外,以船舶在港口处的停留对船舶轨迹进行行程划分,使得船舶轨迹具有了港口至港口的语义方向性,有利于基于船舶交通流的贸易分析。

针对海量船舶轨迹数据时空特征丰富但语义特征匮乏不利于发现其隐含知识的问题,本章提出一种地理知识约束的船舶停留点与港口识别方法,旨在提取船舶在港口区域的停留信息。该方法的技术框架如图3-1所示。

第 3 章 地理知识约束的船舶停留点与港口识别

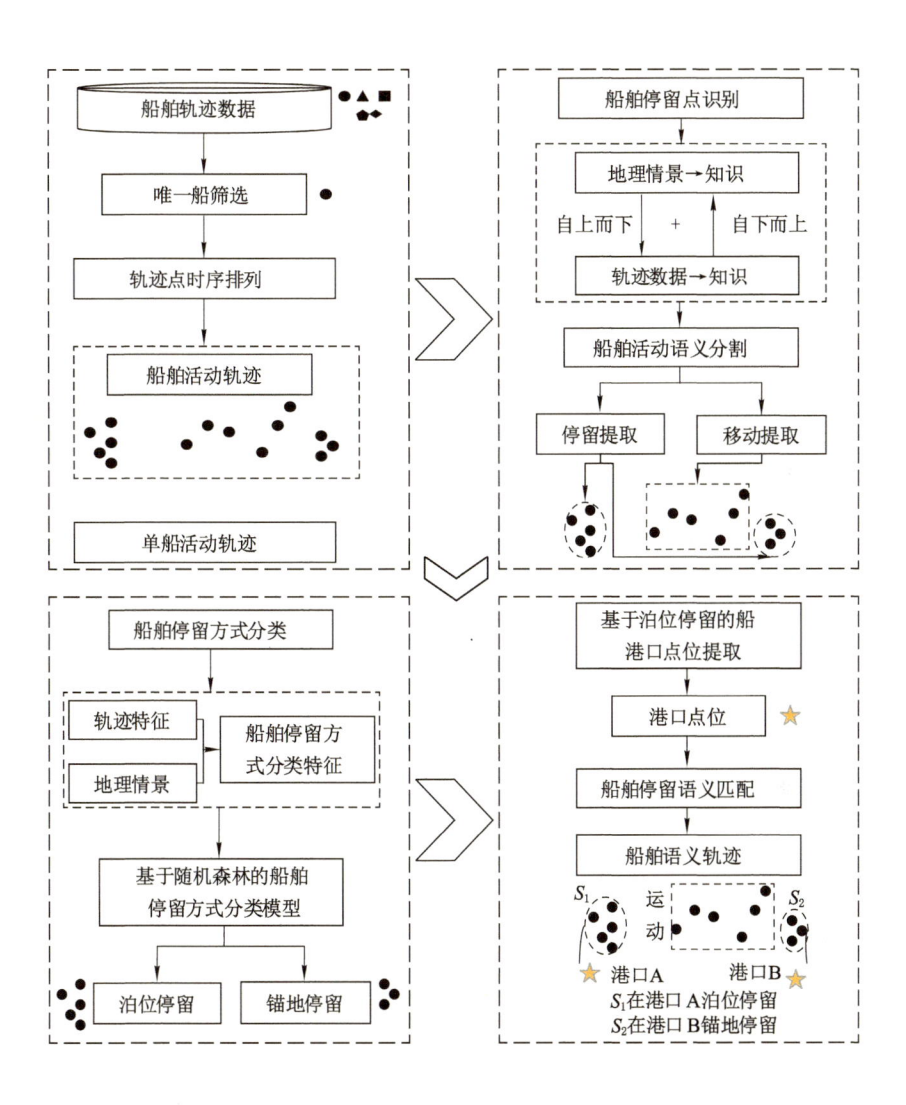

图 3-1 地理知识约束的船舶停留点与港口识别方法技术框架

3.1 顾及地理语义的船舶停留点和港口识别方法

3.1.1 综合轨迹特征与地理语义的船舶停留点识别

船舶在停留与移动时会表现出不同的轨迹特征,这有助于区分船舶的停留轨迹和移动轨迹。航行速度无疑是船舶在停留和移动状态下区别最为明显的特征,但不同于陆地上车辆的停车静止,船舶在水上停船时并不会保持完全的静止(郑海林等,2018),这主要由船舶的停泊方式(抛锚或系泊)和水流等共同决定,但停船时的速度依然会处于一个较小的范围(Yan et al.,2020b)。AIS 数据经过 2.3 节中的预处理之后,可以获得每艘船舶的时序轨迹,船舶停留点提取即是面向每艘船舶的活动轨迹基于停留点识别方法探测船舶在港口区域的停留点。综合轨迹特征与地理语义的船舶停留点识别方法即在地理知识约束下,综合 AIS 数据自身特征和地理语义特征实现船舶在港口区域停留点的提取,同时剔除船舶在非港口区域停留等伪停留,其算法步骤如下:

(1) 候选停留点识别

对于某一船舶的时序轨迹 $T_p = (p_1, p_2, \cdots, p_n)$,遍历每艘船舶的轨迹点,判断 t_i 时刻的轨迹点 p_i 是否满足如下条件:

$$v_i < v_T, t_i - t_{i-1} < t_T, \mathrm{dis}_{i,i-1} < \mathrm{dis}_T \tag{3-2}$$

式中,v_i 是船舶在 t_i 时刻的瞬时速度,从 AIS 记录中获取;$\mathrm{dis}_{i,i-1}$ 为 t_{i-1} 时刻与 t_i 时刻之间船舶的移动距离,其计算公式见式(2-2);v_T、t_T 和 dis_T 分别为船舶轨迹点的速度阈值、相邻两个船舶轨迹点的时间间隔阈值和距离阈值。

对于轨迹点 p_i,若满足条件(3-2),则认为该点是候选停留点。然后,将该轨迹点作为第一个候选停留点添加到候选停留轨迹段中。依次遍历轨迹点直至不满足条件(3-2),完成一个候选停留轨迹段的确定。停留轨迹段是连续停留点组成的时序点集合,即处于静止状态的一段子轨迹,表示为 $\mathrm{ST}_i = (s_1, s_2, \cdots, s_m), m \leqslant n, \mathrm{ST}_i \subseteq T_p$。$s_i$ 表示停留轨迹段 ST_i 的第 i 个停留点。继续遍历轨迹点,当后续的轨迹点满足条件(3-2)时,则开始一个新的候选停留轨迹段。按照上述步骤完成该船舶所有停留点和停留轨迹段的识别,该船舶轨迹中所有停留轨迹段的集合表示为 $\mathrm{Set\_ST} = (\mathrm{ST}_1, \mathrm{ST}_2, \cdots, \mathrm{ST}_n)$,$\mathrm{ST}_i$ 为第 i 个船舶停留轨迹段。

(2) 语义信息增强

本书算法针对的是船舶在港口区域的停留,因此需要对候选停留点进一步判断其是否位于港口区域。通过现有港口点位数据判断船舶在港口区域停留虽然是最简单的方法,但现有港口点位数据的完整性不高,仅通过判别港口点位与船舶停留点的关系会导致丢失大量船舶在港口区域的真实停留。由于港口情景具有明显的语义指向性,其蕴含的语义知识可以指导对非港口区域的船舶停留点进行剔除。本书主要研究海运交通特征,不针对内河港口,后文中的港口特指海港。如图3-2所示,港口情景的地理语义知识包括:港口位于海岸线上、港口与道路相连、港口区域的水深满足一定阈值、港口陆地区域多为不透水面、港口区域停靠有船舶。基于这些语义知识对候选停留点进行语义信息增强以发现船舶在港口区域的停留,剔除船舶在非港口区域的停留点。对于候选船舶停留点 s_i,当其停靠位置处的水深小于水深阈值,并且一定范围内与海岸线、道路网邻接,且该范围内一定面积区域的土地利用类型为不透水面时,则认为该候选船舶停留点为真实的船舶在港口区域的停留。上述判断条件的数学表达式如下:

$$\mathrm{HS}(s_i) = \begin{cases} 1, & \text{if } \mathrm{dep}(s_i) < \Delta_{\mathrm{dep}} \text{ and } \mathrm{buf}(s_i) \bigcap c_{\mathrm{line}} \neq \varnothing \\ & \text{and } \mathrm{buf}(s_i) \bigcap r_{\mathrm{line}} \neq \varnothing \text{ and } \mathrm{area}(\mathrm{buf}(s_i) \in l_{\mathrm{im}}) > \Delta_{\mathrm{area}} \\ 0, & \text{otherwise} \end{cases}$$

(3-3)

$\mathrm{HS}(s_i)=1$ 表示船舶停留点 s_i 发生在港口区域,$\mathrm{HS}(s_i)=0$ 表示 s_i 不在港口区域。$\mathrm{dep}(s_i)$ 为船舶停留点 s_i 位置处的水深,通过空间分析查询水深数据中 s_i 处的水深值。Δ_{dep} 为水深阈值。$\mathrm{buf}(s_i)$ 表示船舶停留点的缓冲区,c_{line} 为海岸线,$\mathrm{buf}(s_i) \bigcap c_{\mathrm{line}} \neq \varnothing$ 表示船舶停留点 s_i 的缓冲区与海岸线相交。r_{line} 表示道路,$\mathrm{buf}(s_i) \bigcap r_{\mathrm{line}} \neq \varnothing$ 表示船舶停留点 s_i 的缓冲区内存在道路。l_{im} 为不透水面,$\mathrm{area}(\mathrm{buf}(s_i) \in l_{\mathrm{im}})$ 表示船舶停留点 s_i 的缓冲区内土地利用类型为不透水面的区域的面积。Δ_{area} 为不透水面面积阈值。若候选船舶停留点 s_i 满足条件(3-3),则视为真正的船舶在港口区域的停留点。否则,认为 s_i 不在港口区域,删除该船舶停留点。

(3)停留轨迹段确定

由于AIS数据存在漂移现象,可能将同一个停留轨迹段分成多个小停留轨迹段,因此需要判断候选停留轨迹段集合中的停留轨迹段是否需要合并。根据时空约束规则提出一种基于滑动窗口的逐级合并方法,利用距离阈值和时间阈值实现由数据漂移导致的小停留轨迹段之间的合并。滑动窗口的步长为1个停留轨迹段,即每次比对相邻两个船舶停留轨迹段的时空约束规则是否满足合并的条件。对于同一船舶任意两个时序相邻的候选停留轨迹段ST_i

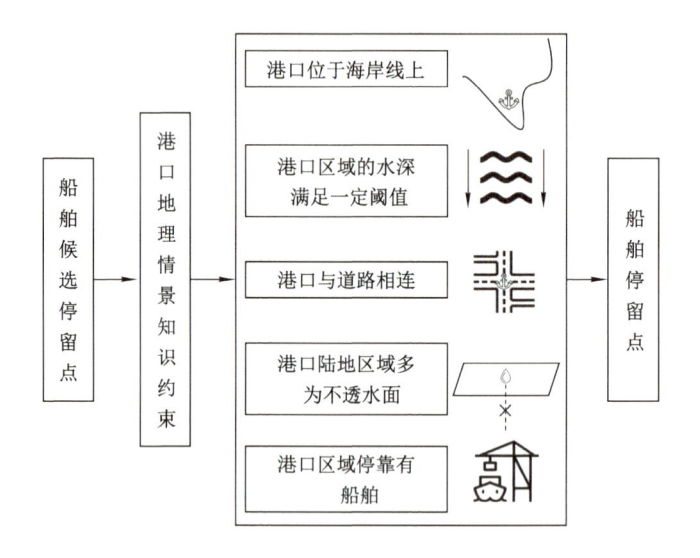

图 3-2 港口语义知识约束的船舶停留点提取

与ST_j,其是否需要合并的判断条件如下：

$$\text{Merge}(ST_i, ST_j) = \begin{cases} 1, & \text{if } \text{distance}(ST_i, ST_j) < \Delta_d \text{ and } \text{time}(ST_i, ST_j) < \Delta_t \\ 0, & \text{otherwise} \end{cases}$$

(3-4)

Merge(ST_i,ST_j)=1 表示船舶候选停留轨迹段ST_i与ST_j是同一次停留,应该予以合并成一个停留轨迹段。Merge(ST_i,ST_j)=0 表示ST_i与ST_j不属于同一次停留,保留为两个停留轨迹段。distance(ST_i,ST_j)表示ST_i与ST_j之间的距离,用ST_i的中心点与ST_j的中心点之间的距离来表示。time(ST_i,ST_j) 表示ST_i与ST_j之间的时间间隔,用ST_j的第一个时序轨迹点的时间减去ST_i的最后一个时序轨迹点的时间。Δ_d与Δ_t分别为判断两个停留轨迹段是否合并的距离阈值和时间间隔阈值。

图 3-3 为一艘船舶的候选停留轨迹段合并处理的示例。该船舶的候选停留轨迹段集合为 Set_ST=(ST_1,ST_2,ST_3,ST_4,ST_5),第一次滑窗处理后,发现停留轨迹段ST_1与ST_2之间的距离和时间间隔皆满足时空约束条件,因此属于同一个轨迹段,故将两者合并成一个新的停留轨迹段ST'_1。继续执行第二次滑窗处理,发现停留轨迹段ST_2与ST_3之间的距离大于阈值,故两者属于不同的轨迹段,将轨迹段ST_3放入一个新的停留轨迹段ST'_2。依序进行滑窗处理,直至所有候选停留轨迹段都被判别为止,得到停留轨迹段合并处理后的

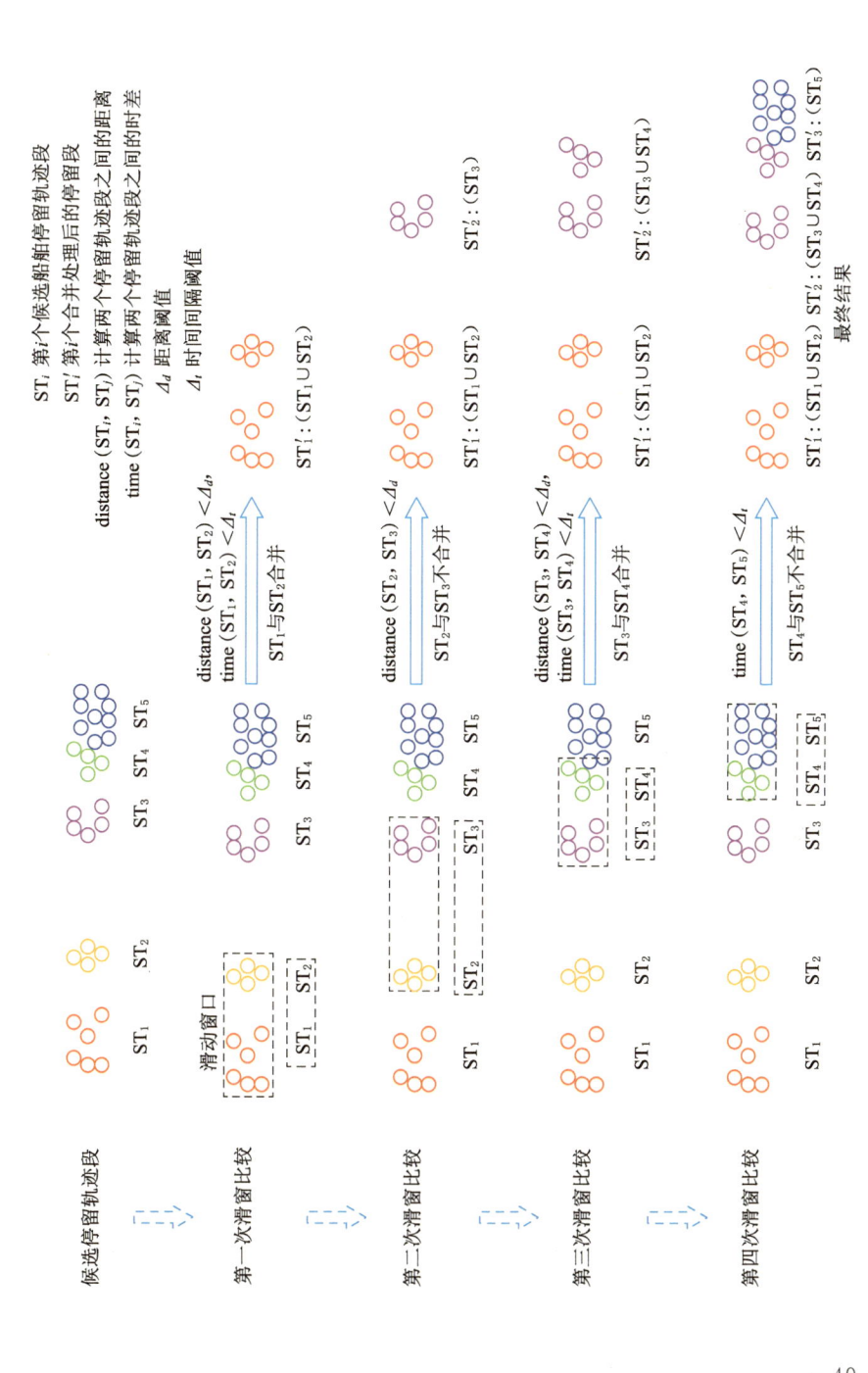

第 3 章 地理知识约束的船舶停留点与港口识别

图3-3 基于滑动窗口的船舶停留轨迹段合并算法

结果 $\text{Set\_ST}' = (\text{ST}'_1, \text{ST}'_2, \text{ST}'_3)$。

为了进一步降低异常值的影响,还应考虑合并处理后停留轨迹段的完整性和合理性,即停留轨迹段包含船舶停留点的数量以及轨迹段的停留时长应该处于合理范围。当船舶停留段包含停留点数量过少或停留时长过短时,认为是由于数据本身或拥堵导致的异常值,不足以构成真实的船舶在港口区域的停留。停留轨迹段 ST'_i 的完整性和合理性的判断条件如下:

$$\text{Final}(\text{ST}'_i) = \begin{cases} 1, & \text{if } \text{num}(\text{ST}'_i) > \Delta_n \text{ and } \text{stop}_t(\text{ST}'_i) > \Delta_{\text{stopt}} \\ 0, & \text{otherwise} \end{cases} \quad (3\text{-}5)$$

$\text{Final}(\text{ST}'_i) = 1$ 表示该停留轨迹段满足要求,予以保留。$\text{Final}(\text{ST}'_i) = 0$ 表示该停留轨迹段不满足要求,予以删除。$\text{num}(\text{ST}'_i)$ 表示停留轨迹段 ST'_i 包含停留点的数量。$\text{stop}_t(\text{ST}'_i)$ 表示 ST'_i 的停留时长,用 ST'_i 中最后一个时序轨迹点的时间减去第一个时序轨迹点的时间确定。Δ_n 与 Δ_{stopt} 分别表示判断船舶停留轨迹段完整性和合理性的轨迹点数量阈值和停留时长阈值。

3.1.2 基于随机森林的船舶停留方式分类

AIS 数据中不能直接提供船舶的交通行为和运动模式,但 AIS 数据提供了船舶活动精细的时空信息,这为挖掘和发现隐含在 AIS 数据中的船舶行为和交通模式提供了基础,轨迹数据挖掘方法就是最常用的船舶行为探测方法。现有研究较少关注船舶停留方式的分类,多是基于船舶轨迹特征识别出船舶停留点,然后将船舶停留点笼统地归为"停留"(Zhang et al.,2018)。然而,船舶在港口区域的停留通常分为两类:① 在港口锚地的抛锚停留;② 在港口泊位的靠泊停留。两种停留发生的地理情景不同,泊位是港区码头专供船舶停靠的岸线位置,通常用于船舶货物的装卸或人员上下等;锚地是港区供船舶水上安全停泊或进行其他作业必要停靠的水域,船舶在锚地一般不进行货物的装卸。船舶在港口区域停留方式的分类对于提取港口码头位置、识别船舶装卸行为等具有重要意义。

目前,基于 AIS 数据判别船舶停留方式的方法主要是船舶轨迹数据挖掘方法,根据不同停留方式表现出的轨迹特征差异进行区分(郑振涛,2019)。由于船舶抛锚停留和靠泊停留两种停留方式在轨迹特征的表现上具有相似性,因此仅依靠轨迹特征并不能很好地区分这两种停留方式。如前所述,地理情景具有明显的语义指向性,可以指导船舶活动方式的分类。因此,顾及地理情景的上下文语义知识,从轨迹特征、地理语义两方面构建船舶停留方式分类特征,从而提高船舶停留方式分类的准确性。

3.1.2.1　船舶停留方式分类特征

船舶停留方式分类判别的分析对象为船舶停留点形成的轨迹段,即船舶停留轨迹段是船舶停留方式分类的最小单元,每个船舶停留轨迹段有且只有一种停留方式与之对应。船舶停留轨迹段与前述一致,是船舶一定时序范围内的停留点集合。船舶在港口泊位和锚地停留轨迹段的实例如图 3-4 所示。由于船舶在泊位停留时通常需要固定在泊位位置,因此船舶泊位停留轨迹段的轨迹点分布较为聚集[图 3-4(a)],而船舶在锚地停留时往往固定一端,因此船舶锚地停留轨迹段的轨迹点分布更为分散,趋于环状[图 3-4(b)]。

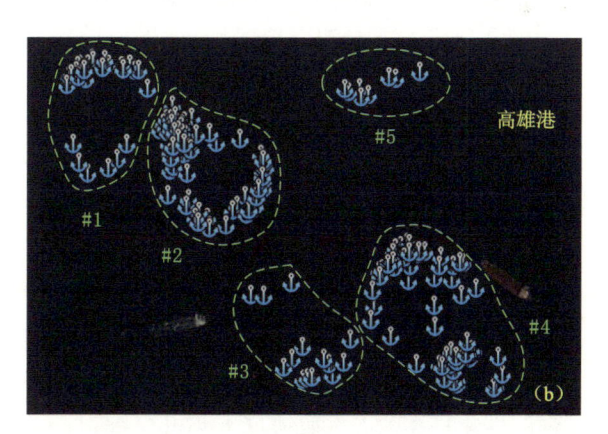

图 3-4　船舶泊位停留和锚地停留实例

目前,道路交通出行方式的分类特征常用速度、加速度、停靠位置等(张治华,2010;邓中伟,2012),船舶交通行为的分类特征常用速度、加速度、航向等(Zhou et al.,2019;郑振涛,2019),综合已有文献中的分类特征,在充分考虑船舶轨迹数据特征的基础上,顾及船舶主体的自身特征、船舶在港口区域停留发生时的地理情景及其蕴含的语义知识,从轨迹特征和地理语义两个维度选取平均速度、速度85分位数、速度标准差、平均加速度、加速度85分位数、加速度标准差、平均距离、距离85分位数、距离标准差、平均航行角度、航行角度85分位数、航行角度标准差、圆形度、与海岸线距离、停留时长等15个船舶停留方式分类特征。

(1) 轨迹数据特征构建

① 平均速度。船舶在锚地停留时,由于抛锚方式往往固定船舶一端,导致船舶在风浪流的作用下发生移动,而船舶在泊位停留时,往往是固定在泊位上,尽可能不发生船舶移动。因此,两种停留方式的船舶速度会显示出差异性。平均速度是指停留轨迹段包含所有轨迹点速度的平均值,其计算公式如下:

$$\overline{v_{st_i}} = \frac{\sum_{j=1}^{n} v_j}{n} \tag{3-6}$$

式中,$\overline{v_{st_i}}$ 为船舶停留轨迹段 st_i 的平均速度;v_j 为 st_i 包含的第 j 个轨迹点的速度;n 是 st_i 包含的轨迹点数量。

② 速度85分位数。船舶停留轨迹段的最大速度被用于分类船舶停留方式(郑振涛,2019),由于GNSS信号的不稳定性,最大速度容易受异常值的影响。为了减少异常值的影响,用停留轨迹段包含轨迹点的速度85分位数代替最大速度作为船舶停留方式的分类特征。速度85分位数是指停留轨迹段包含所有轨迹点的速度85分位数,其计算公式如下:

$$st_i^{up} = \{v_i, i=1,2,\cdots,n \mid \forall i \in [1,n-1], v_{i+1} \geqslant v_i\}$$

$$x = \frac{P}{100}(n-1) + 1$$

$$st_i^{up}(v_x^P) = v_{\lfloor x \rfloor} + (x\%1)(v_{\lfloor x \rfloor + 1} - v_{\lfloor x \rfloor}) \tag{3-7}$$

式中 $st_i^{up}(v_x^P)$ ——船舶停留轨迹段 st_i 的速度的第 P 个百分位数,$P=85$ 即为85分位数;

st_i^{up} ——将 st_i 包含的轨迹点按照速度大小升序排列;

x ——待求百分位数在数列 st_i^{up} 中的位置;

$\lfloor x \rfloor$ ——向下取整函数,$x\%1$ 表示取余;

$v_{\lfloor x \rfloor}$ ——数列 st_i^{up} 中第 $\lfloor x \rfloor$ 个数对应的值。

第 3 章　地理知识约束的船舶停留点与港口识别

③ 速度标准差。速度标准差反映了速度分布的均衡程度，船舶在泊位停留和锚地停留情景下速度分布的差异性作为两种停留方式的分类指标。速度标准差是指停留轨迹段包含所有轨迹点速度的标准差，其计算公式如下：

$$\mathrm{std}v_{\mathrm{st}_i} = \sqrt{\frac{1}{n-1}\sum_{i=1}^{n}(v_i - \bar{v}_{\mathrm{st}_i})^2} \quad (3\text{-}8)$$

式中　$\mathrm{std}v_{\mathrm{st}_i}$——船舶停留轨迹段 st_i 的速度标准差。

④ 平均加速度。与速度指标类似，加速度反映了船舶航行速度的变化情况，对于船舶锚地停留和泊位停留，船舶加速度也可能存在差异，因此与加速度有关的特征同样作为两种停留方式的分类指标。平均加速度是指停留轨迹段包含所有轨迹点加速度的平均值，其计算公式如下：

$$\bar{a}_{\mathrm{st}_i} = \frac{\sum_{j=1}^{n-1} a_j}{n-1} = \frac{\sum_{j=1}^{n-1} \frac{v_{j+1} - v_j}{t_{j+1} - t_j}}{n-1} \quad (3\text{-}9)$$

式中　$\bar{a}_{\mathrm{st}_i}$——船舶停留轨迹段 st_i 的平均加速度；

a_j——st_i 包含的第 j 个轨迹点的加速度，其计算为 $\frac{v_{j+1} - v_j}{t_{j+1} - t_j}$，即与其时序相邻后一个轨迹点的速度差与时间差的比值。

⑤ 加速度 85 分位数。与速度 85 分位数类似，用加速度 85 分位数代替最大加速度以减少异常值的影响。加速度 85 分位数的计算公式参照式(3-3)，针对的是船舶停留轨迹段包含所有轨迹点的加速度。

⑥ 加速度标准差。加速度标准差反映了加速度的分布，与速度标准差指标类似，加速度标准差也作为船舶泊位停留和锚地停留两种停留方式的分类特征，其计算公式参照式(3-8)，针对的是船舶停留轨迹段包含所有轨迹点的加速度。

⑦ 平均距离。船舶在泊位停留与锚地停留时，停留轨迹段的轨迹点距离具有差异性，因此与轨迹点距离有关的特征作为两种停留方式的分类指标。平均距离是指停留轨迹段中所有相邻时序轨迹点之间距离的平均值，其计算公式如下：

$$\overline{\mathrm{dis}}_{\mathrm{st}_i} = \frac{\sum_{j=1}^{n-1} \mathrm{dis}(p_j, p_{j+1})}{n-1} \quad (3\text{-}10)$$

式中　$\overline{\mathrm{dis}}_{\mathrm{st}_i}$——船舶停留轨迹段 st_i 的平均距离；

$\mathrm{dis}(p_j, p_{j+1})$——$\mathrm{st}_i$ 中轨迹点 p_j 和 p_{j+1} 的距离；

p_{j+1}——p_j 时序相邻的后一个轨迹点。

⑧ 距离 85 分位数。船舶在泊位停留时轨迹点的分布更加聚集,而船舶在锚地停留时轨迹点的分布相对更加分散,导致停留轨迹段中轨迹点对的最大距离具有差异性。考虑到轨迹点的漂移,用轨迹点对距离的 85 分位数代替最大距离作为两种停留方式的分类特征。距离 85 分位数的计算公式参照式(3-7),针对的是船舶停留轨迹段包含所有轨迹点两两之间的距离。

⑨ 距离标准差。距离标准差反映了船舶停留轨迹段中相邻时序轨迹点之间距离的分布情况,同样作为船舶泊位停留和锚地停留的一个分类特征,其计算公式参照式(3-8),针对的是船舶停留轨迹段包含的所有相邻时序轨迹点之间的距离。

⑩ 平均航行角度。除了船舶轨迹点的速度和位置外,船舶航行方向变化有关的指标同样作为泊位停留和锚地停留的分类特征。尽管 AIS 记录中具有船首向和对地航向等与船舶方向有关的属性,但这些属性值的准确性较低,不能直接用作分类特征,因此用船舶航行角度表征船舶方向。船舶航行角度的定义为船舶时序相邻轨迹点的连线与真北方向的夹角,如图 3-5 所示,其计算公式如下(Li et al.,2018b):

$$\tan C_{p_i,p_j} = \frac{\sin(x_j - x_i)}{\cos y_i \tan y_j - \sin y_i \cos(x_j - x_i)} \tag{3-11}$$

式中 C_{p_i,p_j}——轨迹点 p_i 至 p_j 的航行角度;

x_i、y_i——p_i 的经度坐标和纬度坐标。

平均航行角度是指船舶停留轨迹段包含所有时序相邻轨迹点之间航行角度的平均值,其计算公式如下:

$$\bar{C}_{\mathrm{st}_i} = \frac{\sum_{j=1}^{n-1} C_{p_j,p_{j+1}}}{n-1} \tag{3-12}$$

⑪ 航行角度 85 分位数。与速度 85 分位数类似,用航行角度 85 分位数代替最大航行角度作为两种停留方式的一个分类特征。航行角度 85 分位数的计算公式参照式(3-7),针对的是船舶停留轨迹段。

⑫ 航行角度标准差。航行角度标准差反映了航行角度的差异性,同样作为船舶泊位停留和锚地停留的一个分类特征,其计算公式参照式(3-8),针对的是船舶停留轨迹段包含所有轨迹点的航行角度。

⑬ 圆形度。船舶在锚地停留时,由于锚泊方式多固定一端,使得船舶锚泊停留轨迹点的空间分布趋向于环形,而船舶在泊位停留时,船舶多是被固定在泊位上使得船舶泊位停留轨迹点的空间分布多为条带状。因此,船舶停留

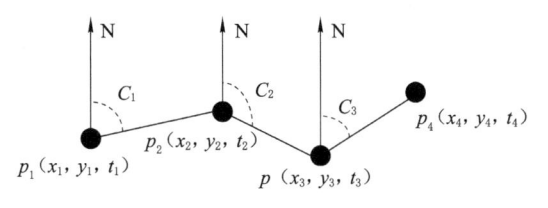

第 3 章　地理知识约束的船舶停留点与港口识别

(x, y, t) → （经度，纬度，时间）
N为真北方向
C_i为船舶的航行角度
$t_1 < t_4$船舶轨迹序列为$p_1 \to p_4$

图 3-5　船舶航行角度示意图

轨迹段包含轨迹点的空间分布形状作为两种停留方式的一个分类特征，用圆形度来衡量。圆形度的计算公式如下：

$$\text{circle}_{\text{st}_i} = \frac{4\pi * A_{\text{st}_i}}{L_{\text{st}_i}^2} \tag{3-13}$$

式中　$\text{circle}_{\text{st}_i}$——船舶停留轨迹段$\text{st}_i$的圆形度，其取值在 0～1 之间，越接近 1 说明其形状越趋向圆；

A_{st_i}与L_{st_i}——st_i包含所有轨迹点形成的凸包多边形的面积和周长。

（2）地理语义特征构建

泊位情景和锚地情景具有不同的语义指向性，这为船舶泊位停留和锚地停留的分类提供了语义知识。泊位是港口码头专供船舶停靠的岸线位置，而锚地可以是港内水域也可以为港外水域，但一般远离海岸线，故与海岸线的距离可以用作船舶泊位停留和锚地停留的分类特征。另外，时间地理学中关于船舶活动的制约条件同样为船舶停留行为分类提供了先验知识。船舶停留时长对于港口作业具有重要意义，船舶一般不能长时间占用泊位，而锚地抛锚少有时间限制，因此船舶停留轨迹段的停留时长也可作为分类特征。

① 与海岸线的距离。船舶停留轨迹段与海岸线的距离是指船舶停留轨迹段包含轨迹点到海岸线的最近距离，其计算公式如下：

$$\text{disline}_{\text{st}_i} = \min\{\text{Near\_dis}(p_i, l) \mid i \in [1, n]\} \tag{3-14}$$

式中　$\text{disline}_{\text{st}_i}$——船舶停留轨迹段$\text{st}_i$与海岸线的距离；

l——海岸线；

$\text{Near\_dis}(p_i, l)$——st_i中的轨迹点p_i与海岸线的最近距离；

$\min()$——取最小值函数。

② 停留时长。停留时长是指船舶停留轨迹段的停留时长,由于泊位情景和锚地情景的时间约束条件存在差异,因此停留时长作为区分船舶停留方式的一个分类特征。停留时长的计算公式如下:

$$\text{stopt}_{\text{st}_i} = t_{p_n} - t_{p_1}, \forall j \in (1,n], t_{p_1} < t_{p_j} \leqslant t_{p_n} \tag{3-15}$$

式中 $\text{stopt}_{\text{st}_i}$——船舶停留轨迹段$\text{st}_i$的停留时长;

t_{p_n}与t_{p_1}——st_i包含轨迹点按照时序排列的最后一个轨迹点和第一个轨迹点报告的时间。

3.1.2.2 船舶停留方式分类模型

船舶停留方式的判别属于空间数据挖掘中的模式识别。常用的空间数据模式识别方法,如机器学习、决策树、支持向量机等,对于不同研究问题表现出的优劣性往往具有差异,需要根据具体问题选择合适的方法。

随机森林算法由 Breiman(2001)提出,以决策树为基本单元,通过集成学习的思想将多棵决策树集成在一起,本质上是基于机器学习的一种集成学习算法。由于每个决策树都是一个分类器,当输入训练样本后,每棵决策树都会产生对应的分类结果。随后随机森林算法收集每棵树的分类结果,采用投票方式决定样本最终的分类结果。随机森林算法对于大数据集、复杂数据源、数据噪声、有限训练样本有较好的适应性,具有简单、高效、人工干预少、可以处理高维度特征、抗拟合能力强、分类精度高、可以对未知属性进行刻画、能够评估分类特征的重要性等诸多优势(常翔宇 等,2020)。船舶停留方式判别的分类特征基于轨迹数据自身特征和地理情景语义两方面确定,具有高维度特性,大范围海域内的船舶停留轨迹具有海量性且容易混入噪声或异常值,由于只能在有限训练样本的基础上进行船舶停留方式的判别,并且需要保证较高精度以支撑船舶活动信息的提取。综合上述原因,选择随机森林算法实现船舶停留方式的模式识别。通过对高维特征进行重要性分析,确定最优的分类模型,实现船舶停留方式的高精度分类。

(1)随机森林算法

决策树是一种常用的机器学习方法,其结构类似于数据结构中的树形结构。决策树的构建是一种自上而下、递归寻优的过程(姜金贵,2005),即从根节点开始,通过寻找最优的特征不断将原始数据集合分割成子集形成树的节点。如果子集已经被正确分类,则形成叶节点,该子集不再分割。否则,该子集选择新的最优特征进行分割,形成树的节点。递归进行子集分割,直至每个子集都被正确分类,从而完成一棵决策树的构建。决策树的内部节点表示了每个分类特征的判断,根节点至叶节点的每条分支表示了一条分类的规则,正是这些规则指导了原始数据集合的分类或预测。决策树的每个叶节点中存储了一种分类子集。决策树常用的生成算法有 ID3、C4.5、CART 等（王奕森，2018）。CART 决策树，即分类回归树，是一种相对较优的决策树，也用于随机森林算法中决策树的构建。

决策树是单个分类器，具有性能提升的瓶颈。随机森林的单位分类器是决策树，是一种集成多棵决策树的集成学习方法，有效解决了单棵决策树的限制。随机森林算法的流程如图 3-6 所示，主要分为三步：Bootstrap 样本采样、随机特征单决策树构建和多决策树投票。首先，对给定的数据集 D 进行 Bootstrap 样本采样，即每次有放回地随机抽样相同数量的 m 个数据作为样本，数据集 D 中包含 N 个数据，$m<N$。其次，进行随机特征单决策树构建。对每次获取的样本子集构建 CART 决策树。从原始的 P 个分类特征中随机选择 Q 个特征（$Q<P$）进行单棵决策树的构建，作为随机森林的基分类器。最后，进行多决策树投票。对于每个随机特征构建的单决策树先独立进行分类，然后以多棵决策树结果投票的方式选择大多数的结果作为最终的分类结果。

（2）船舶停留方式分类算法流程

基于随机森林的船舶停留行为分类算法的流程如下：① 制作船舶泊位停留样本和锚地停留样本。基于 3.1.1 小节提取的船舶停留轨迹段，利用 Google Earth 影像人工标注船舶停留方式样本，即为船舶停留轨迹段赋予泊位停留和锚地停留的属性。船舶停留轨迹段的停留方式是唯一的，因此待分类的船舶停留方式只有泊位停留和锚地停留两类。② 构建船舶停留方式分类模型。利用训练集和验证集确定随机森林分类模型的参数，筛选最优特征变量，构建基于随机森林算法的船舶停留方式分类模型。③ 船舶停留方式分类。利用构建的船舶停留方式分类模型对待分类的船舶停留轨迹段进行停留方式分类，实现船舶停留方式的判别。

3.1.3　基于船舶泊位停留的港口点位提取

船舶进出港口的信息是船舶行程划分、船舶交通流分析、贸易网络构建分析的基础。然而，现有港口点位数据存在港口覆盖不完整的问题，这不利于船舶活动分析。因此，本节提出一种基于船舶泊位停留的港口点位提取方法，以实现港口点位的完整、准确提取，丰富现有港口点位数据。在船舶泊位停留识别的基础上，逐级合并船舶泊位停留多边形，然后以泊位停留多边形的中心点表示该港口点位。最后，将船舶停留与港口点位进行语义匹配，完成船舶活动

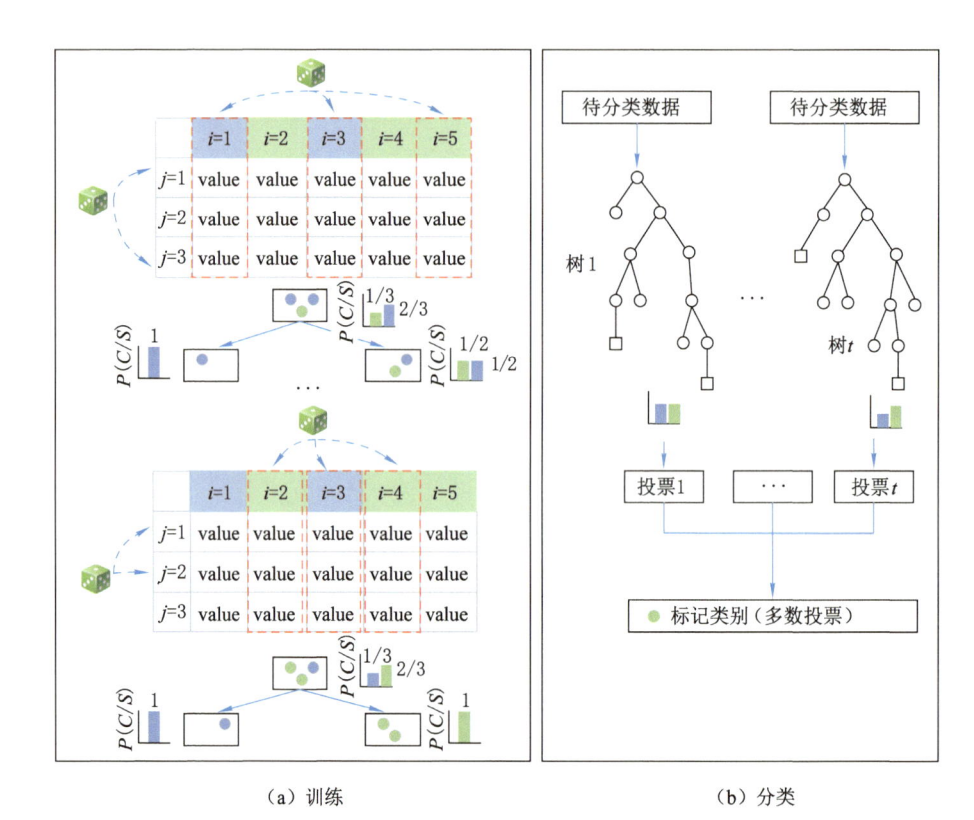

（a）训练　　　　　　　　　　　　　　（b）分类

i—样本；j—变量；C—类别；S—数据集；t—决策树编号；value—变量j可能的取值。

图 3-6　随机森林算法流程图

中地理场景（港口）、停留（泊位停留、锚地停留）、移动等语义的丰富。

本章 3.1.2 小节已经实现船舶停留方式的分类，船舶泊位停留表示船舶在港口泊位进行停靠，而港口泊位是港口中最重要的构筑物之一，可以指导港口点位的提取。通常而言，在获取船舶泊位停留轨迹的基础上，只需对船舶泊位停留轨迹进行聚类，然后以聚类中心表示港口点位即可实现港口点位的提取。然而，大范围区域内的船舶停留轨迹具有海量性，常规的聚类方法并不能胜任这项工作。因此，本节提出以泊位多边形进行数据压缩的策略，即对于每个包含数以千计轨迹点的船舶泊位停留轨迹段用一个泊位多边形进行表征，从而实现了数据量的大大压缩，并且该船舶泊位停留轨迹段的空间位置信息得到很好保留。基于船舶泊位停留的港口点位提取算法的流程如图 3-7 所示。

第 3 章　地理知识约束的船舶停留点与港口识别

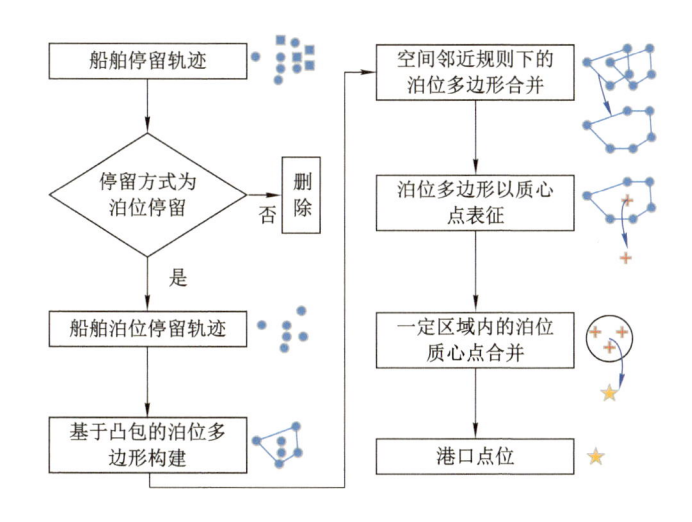

图 3-7　基于船舶泊位停留的港口点位提取算法流程图

(1) 泊位区域提取

AIS 数据在经过船舶停留点识别和船舶停留方式分类处理之后，可以获得船舶泊位停留轨迹。首先将每个船舶泊位停留轨迹生成凸包多边形作为港口泊位区域，以泊位多边形的形式实现船舶停留轨迹数据的压缩。然后判断任意两个泊位多边形是否存在空间邻接关系，这里定义两个泊位多边形存在相交或包含关系时，即认为这两个泊位多边形存在空间邻接关系。若存在空间邻接关系，则将这两个船舶泊位停留轨迹段合并成一个新的停留轨迹段，并以合并之后的停留轨迹段生成泊位多边形作为这两个泊位停留轨迹段共同的空间区域。依次判断其他泊位多边形的空间邻接关系，逐级合并得到最终的泊位区域。空间相邻逐级合并方法是船舶泊位停留轨迹空间范围逐级扩张的过程。图 3-8 为港口泊位区域提取方法示意图，其方法流程为 (a)→(b)→(c)→(d)。

对于给定的 4 个船舶泊位停留轨迹段 S_1、S_2、S_3、S_4，首先构建每个船舶泊位停留轨迹段的凸包多边形作为该停留轨迹段的泊位区域，即 C_1、C_2、C_3、C_4。然后判断泊位多边形的空间邻接关系，由于 C_1 与 C_2 相交，则两者空间邻接，故将其对应的两个停留轨迹段 S_1 和 S_2 合并成一个新的轨迹段，生成多边形 M_1 作为 S_1 和 S_2 新的停留泊位区域，完成第一次空间合并。继续判断

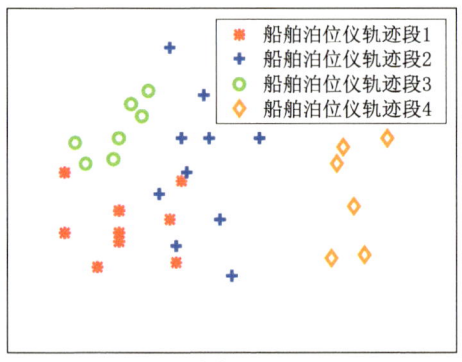

（a）船舶停留轨迹

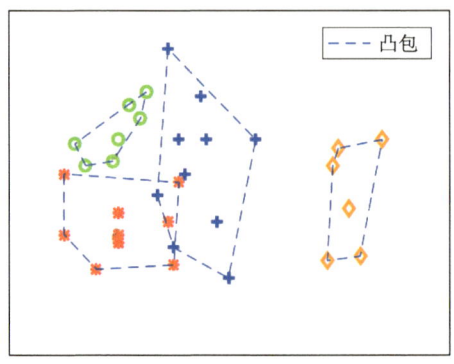

（b）船舶停留区域

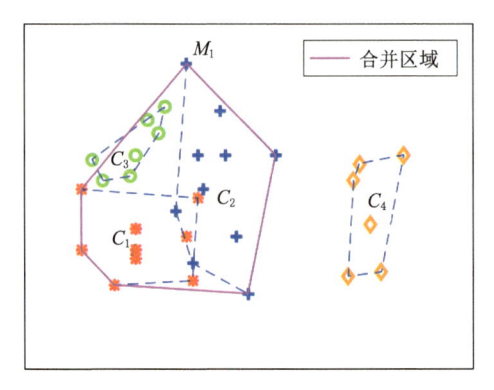

（c）第一次区域合并

图 3-8 基于船舶泊位停留轨迹的港口泊位区域提取

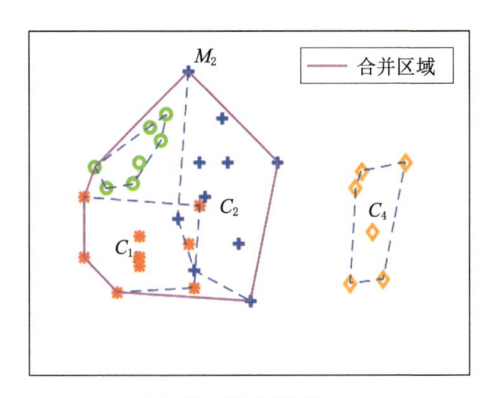

(d) 第二次区域合并

图 3-8 （续）

M_1 与 C_3、C_4 的空间邻接关系，由于 M_1 与 C_3 空间邻接，故将 S_1、S_2、S_3 合并成一个新的轨迹段，生成多边形 M_2 作为 S_1、S_2、S_3 新的停留泊位区域，完成第二次空间合并。由于 M_2 与 C_4 不存在空间邻接关系，空间逐级合并结束。M_2 与 C_4 为最终提取的泊位区域。

（2）港口点位提取

泊位区域提取后，用泊位多边形的质心表示该泊位区域。由于港口通常包含多个泊位，因此还需对泊位多边形质心点做进一步的合并处理。对于每个泊位多边形质心点，将其一定区域内的泊位多边形质心点合并成一个点簇，从而以点簇的中心点作为港口点位。基于船舶泊位停留的港口点位提取算法，通过泊位提取和聚类分析两步操作实现港口点位的提取。

3.2 南海丝路船舶停留点与港口识别结果与分析

3.2.1 船舶停留点提取结果与分析

选取研究区内 70 艘船舶 2017 年报告的 359 322 条 AIS 记录作为实验数据进行船舶停留点提取实验。基于 Google Earth 影像将实验数据人工标注为移动点和停留点，标注示例如图 3-9 所示。将实验数据分成三个数据集，每个数据集包含的船舶轨迹数据之间不存在交叉。数据集 1 包含 10 艘船舶的 88 706 条 AIS 记录，标记出 11 515 个停留点；数据集 2 包含 50 艘船舶的 195 502 条 AIS

图 3-9　船舶停留点标注示例

记录,标记出 68 561 个停留点;数据集 3 包含 10 艘船舶的 75 114 条 AIS 记录,标记出 17 356 个停留点。为了验证船舶停留点识别方法的有效性,将本书方法提取结果与现有两种船舶停留点识别算法进行对比,一种是基于密度的方法——DBSCAN 算法(Luo et al.,2017),另一种是基于轨迹特征的方法——MPTSSE 算法(郑振涛,2019)。评价指标选用准确率、召回率和 F_1 值。

准确率是指算法识别出的所有船舶停留点中,真实的船舶停留点所占比例(邓中伟,2012),其计算公式如下:

$$\text{precision} = \frac{\text{true}_{\text{stop}}}{\text{true}_{\text{stop}} + \text{false}_{\text{stop}}} \tag{3-16}$$

式中 precision——准确率;

$\text{true}_{\text{stop}}$——真正例,即算法正确识别出船舶停留点的数量;

$\text{false}_{\text{stop}}$——假正例,即算法错误识别出船舶停留点的数量,具体是指船舶移动点被错误识别为船舶停留点。

召回率是指算法正确识别为船舶停留点的数量占实验数据集中所有船舶停留点数量的比例(邓中伟,2012),其计算公式如下:

$$\text{recall} = \frac{\text{true}_{\text{stop}}}{\text{All\_true}_{\text{stop}}} \tag{3-17}$$

式中 recall——召回率;

$\text{All\_true}_{\text{stop}}$——实验数据集中所有船舶停留点的数量。

F_1 值是准确率和召回率的加权调和平均值(Luo et al.,2017),其计算公式如下:

$$F_1 = \frac{2 \times \text{precision} \times \text{recall}}{\text{precision} + \text{recall}} \tag{3-18}$$

3.2.1.1 参数讨论

本书提出的综合轨迹特征和地理语义的船舶停留点识别方法涉及的参数见表 3-1。不同于道路交通,海上航行的船舶在停留状态时由于受到风、浪、流的影响,其速度往往不为 0,参考文献(Pallotta et al.,2013;Wen et al.,2019;Yan et al.,2020b)和现有经验对船舶停留速度的限定,将船舶停留的速度阈值 v_T 设为 1 节,即船舶停留速度不能高于 1 节。郑振涛(2019)提出一种基于轨迹特征的船舶停留点提取方法,他经过多次实验确定了船舶停留点提取时涉及的一些参数取值,如相邻轨迹点的距离阈值、停留轨迹段包含的轨迹点数量阈值等。在参考郑振涛研究的基础上,通过对本书所用 AIS 数据进行挖掘分析以及参考其他相关的文献(Cheng et al.,2019;Yan et al.,2020b)和海运交通领域的先验知识,将相邻轨迹点的距离阈值 dis_T 设为 2 km,停留轨迹段合

并的时间间隔阈值 Δ_t 设为 1 h,停留轨迹段合并的距离阈值 Δ_d 设为 2 km,停留轨迹段包含的轨迹点数量阈值 Δ_n 设为 10。水深阈值通过分析全球港口附近水域的水深分布确定。利用全球港口点位数据生成 10 km 的缓冲区,从而划定全球港口 10 km 范围内的水域,通过将港口缓冲区与 GEBCO 的全球水深数据进行空间关联得到全球港口 10 km 水域内的水深分布。由分析可知,全球港口 10 km 水域内的平均水深约为 50 m,并且港口水域 90% 以上范围内的水深小于 100 m,因此将水深阈值 Δ_{dep} 设为 100 m。港外锚地一般分布在港口区域 5 海里范围内,因此将船舶停留点的缓冲区半径 $buf(s_i)$ 设置为 10 km。与水深阈值确定方法相似,通过分析港口 10 km 范围内陆域不透水面的面积将不透水面面积阈值 Δ_{area} 设为 0.25 km^2。

表 3-1　综合轨迹特征与地理语义的船舶停留点识别方法涉及参数概述

方法参数	参数描述	确定方法	最优取值
v_T	速度阈值	文献参考+先验知识	1 节
t_T	相邻轨迹点时间间隔阈值	数据寻优+启发式方法	1.5 h
dis_T	相邻轨迹点距离阈值	文献参考+先验知识	2 km
Δ_{dep}	水深阈值	数据寻优+先验知识	100 m
$buf(s_i)$	船舶停留点的缓冲区距离	文献参考+先验知识	10 km
Δ_{area}	不透水面面积阈值	数据寻优+先验知识	0.25 km^2
Δ_d	停留轨迹段合并的距离阈值	文献参考+先验知识	2 km
Δ_t	停留轨迹段合并的时间间隔阈值	文献参考+先验知识	1 h
Δ_n	停留轨迹段包含的轨迹点数量阈值	文献参考+先验知识	10
Δ_{stopt}	停留轨迹段的停留时长	数据寻优+启发式方法	1.5 h

为了确定相邻轨迹点时间间隔阈值 t_T 和停留轨迹段的停留时长 Δ_{stopt} 两个参数的取值,本节设计了一个对比实验,选取数据集 1 作为实验数据。具体而言,t_T 和 Δ_{stopt} 分别以 15 min 的时间间隔逐级增加到 3 h,对 t_T 与 Δ_{stopt} 构建不同的参数组合进行船舶停留点提取。除 t_T 和 Δ_{stopt} 两个参数外,方法涉及的其他参数取值根据表 3-1 确定。图 3-10 显示了本书方法在 t_T 与 Δ_{stopt} 不同组合下对数据集 1 的提取结果。结果表明,当 t_T=1.5 h, Δ_{stopt}=1.5 h 时,算法效果最

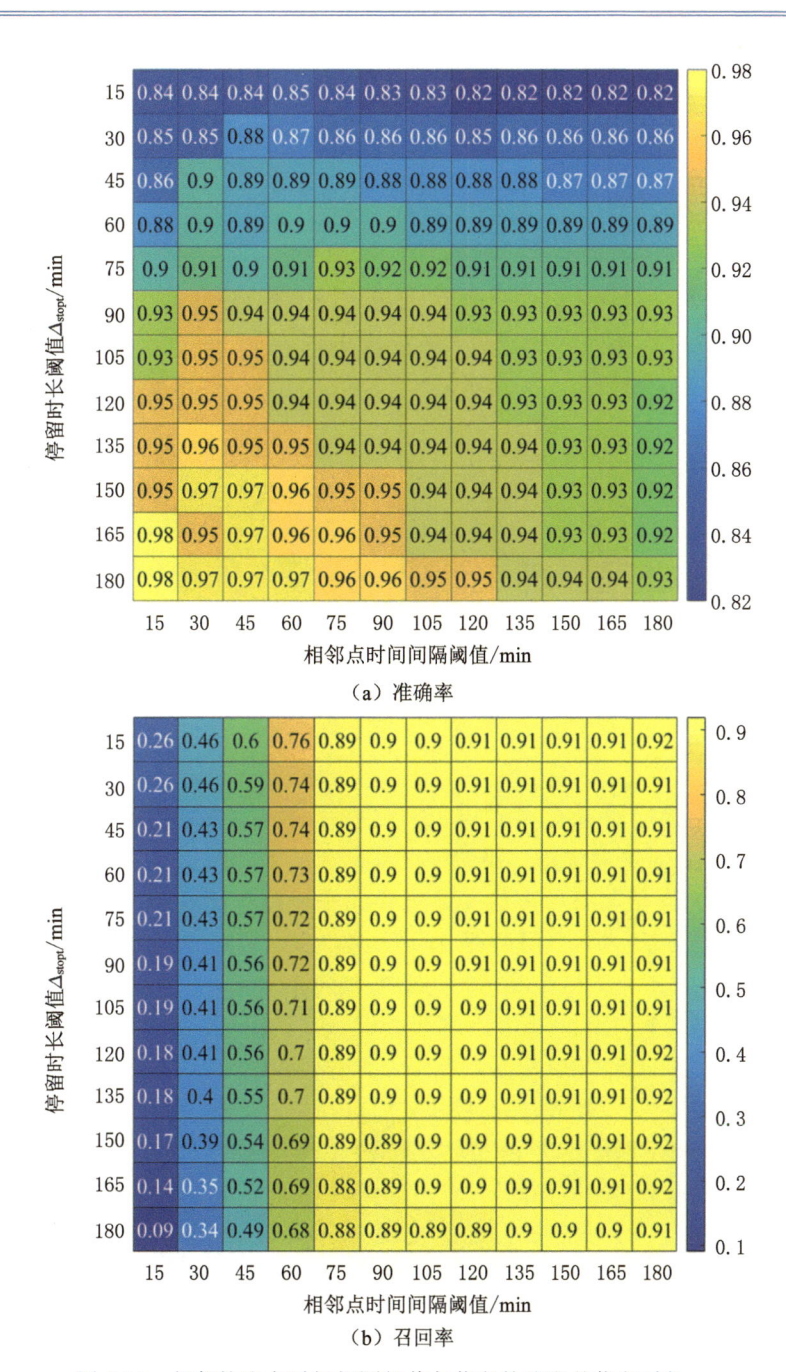

第 3 章　地理知识约束的船舶停留点与港口识别

(a) 准确率

(b) 召回率

图 3-10　相邻轨迹点时间间隔阈值与停留轨迹段的停留时长

（c）F_1 值

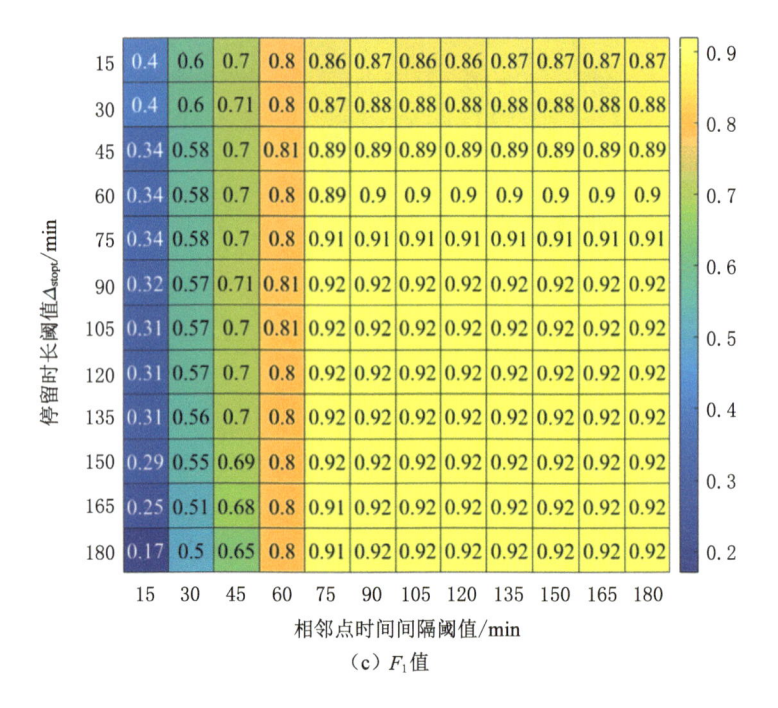

图 3-10 （续）

好。随着 t_T 的增加,船舶停留点识别结果的召回率先是迅速提升,然后在 75 min 后进入相对平稳状态。船舶停留点识别结果的准确率受 t_T 的影响较小,识别结果的 F_1 值与召回率的变化规律几乎一致。随着 Δ_{stopt} 的增加,识别结果的准确率逐渐增加,召回率逐渐降低,尤其是 t_T＜75 min 时,Δ_{stopt} 越大,识别结果的召回率越小。这主要是因为船舶在静止状态下由于大量聚集经常会导致 AIS 信号丢失,因此并不能保证 6 min 一次的更新频率,使用较小的 t_T 值会错误丢失较多的停留点,从而降低了召回率。此外,Δ_{stopt} 取值较大时,会丢失一些停留时长小于阈值的船舶停留,从而降低召回率。与此同时,Δ_{stopt} 的增加会降低一些由于船舶进出港拥挤发生的假停留,从而提高识别结果的准确性。由于不仅考虑了船舶活动的时空特征,而且顾及了地理情景的语义知识,因此 t_T 和 Δ_{stopt} 两个与时间相关的阈值对识别结果的准确性影响相对较小。

3.2.1.2 方法有效性

选取数据集 2,比较本书算法与另外两种算法（DBSCAN 算法和 MPTSSE 算法）的船舶停留点提取效果。对于另外两种算法,对其涉及的参数利用启发式方法设计不同的参数组合,根据准确率、召回率和 F_1 值确定最优值。三种算法对数据集 2 的识别结果见表 3-2。可以看出，本书算法对数据集 2 中的船舶停留点提取效果比其他两种算法更好。

表 3-2 三种船舶停留点提取算法精度对比

实验数据	指标	DBSCAN 算法	MPTSSE 算法	本书算法
数据集 2	标记停留点数量	68 561	68 561	68 561
	检测停留点数量	74 080	76 595	66 066
	匹配停留点数量	47 301	63 447	62 102
	准确率	0.64	0.83	0.94
	召回率	0.69	0.93	0.91
	F_1 值	0.66	0.87	0.92
数据集 3	标记停留点数量	17 356	17 356	17 356
	检测停留点数量	19 748	21 558	16 591
	匹配停留点数量	11 454	16 626	15 760
	准确率	0.58	0.77	0.95
	召回率	0.66	0.96	0.91
	F_1 值	0.62	0.85	0.93

具体而言，对于 DBSCAN 算法，其主要缺陷是只考虑空间密度信息，导致船舶进出港口或海峡处速度较低的移动段被检测成假停留。此外，由于船舶轨迹具有稀疏、漂移、轨迹点易丢失等特性，因此 DBSCAN 算法的召回率较低，无法检测出稀疏、漂移或存在丢失的船舶停留。对于 MPTSSE 算法，其主要缺陷是仅依靠船舶轨迹数据自身特征，没有考虑地理情景的语义知识，无法有效区分船舶停留是否发生在港口区域，因此容易识别出非港口区域的假停留。提出的综合轨迹特征与地理语义的船舶停留点识别算法，不仅挖掘船舶轨迹数据自身特征，同时考虑地理情景的语义知识，从而对于船舶停留点识别实现了高准确率和高召回率的统一。

为了进一步验证本书算法的可行性，继续对数据集 3 进行三种算法的船舶停留点识别对比实验。与使用数据集 2 相同，利用三种算法的最佳参数进行船舶停留点识别，将检测到的船舶停留点与标记的船舶停留点进行匹配，实验结果见表 3-2。可以看出，本书算法的识别结果依然优于其他两种算法。一般来说，DBSCAN 算法可以检测出轨迹点密度较高的停留区域，对于道路交通往往有更好的精度，由于 AIS 数据的特点导致了其算法精度相对较低。

MPTSSE算法从船舶轨迹数据特征入手,可以实现船舶停留点提取的高召回率,然而由于该算法没有考虑港口情景的地理语义,容易识别非港口区域的假停留,因此准确性受到较大影响。本书算法在地理情景语义的指导下,深度挖掘船舶轨迹自身特征,在保证准确率为0.94的前提下,模型分类精度具有0.91的召回率和0.92的F_1值,说明了本书算法对于检测船舶在港口区域停留具有有效性。此外,本书算法对于船舶假停留(非港口停留或低速拥堵航段)具有更好的鲁棒性。

基于提出的船舶停留点识别算法对研究区内2017年预处理后的547 939 741条AIS记录进行船舶停留点识别,提取出2 131 836个船舶停留轨迹段,共包含103 830 336个船舶停留点。为了进一步分析船舶停留点提取结果的准确性,将船舶停留点提取结果与港口影像进行叠加分析,定性分析船舶停留点提取结果的有效性。顾及港口的空间分布位置,选择研究区内的比雷埃夫斯港(希腊)、杰贝阿里港(阿联酋)、吉大港(孟加拉国)、梗津港(日本)、吉达港(沙特阿拉伯)、台中港(中国台湾)、姆特瓦拉港(坦桑尼亚)、科伦坡港(斯里兰卡)、丹戎不碌港(印度尼西亚)、苏比克湾港(菲律宾)等10个港口进行船舶停留点与港口影像叠加分析。图3-11为船舶停留点提取结果与港口影像叠加显示的结果。可以看出,船舶停留点集中在港口区域的两种场景——港口泊位和港口锚地,这符合船舶在港口停留的真实情况。综上可知,综合轨迹特征与地理语义的船舶停留点识别算法可以从船舶轨迹中准确提取船舶在港口区域的停留,从而为船舶停留方式分类和港口点位提取提供数据基础。

3.2.2 船舶停留方式分类结果与分析

从船舶停留轨迹段提取结果中选取2 024个船舶停留轨迹段作为实验数据,验证基于随机森林的船舶停留方式分类算法的有效性。首先对实验数据人工标注其船舶停留方式,即为每个船舶停留轨迹段标记泊位停留或锚地停留,共获得泊位停留样本1 085个、锚地停留样本939个。为了说明基于随机森林的船舶停留方式分类算法具有普适性,实验数据选取时覆盖所用AIS数据中所有船舶类型,即集装箱船、油船、散货船、客船、普通货船、滚装船、气槽船、其他液货船、渔船、特种货船、拖船、休闲船、近岸船、服务船、其他等15种船舶类型。不同船舶类型的泊位停留样本与锚地停留样本示例及样本数量统计如图3-12所示。船舶停留方式样本按照7∶2∶1的比例分割成训练集、验证集和测试集,训练集、验证集和测试集之间没有交叉。

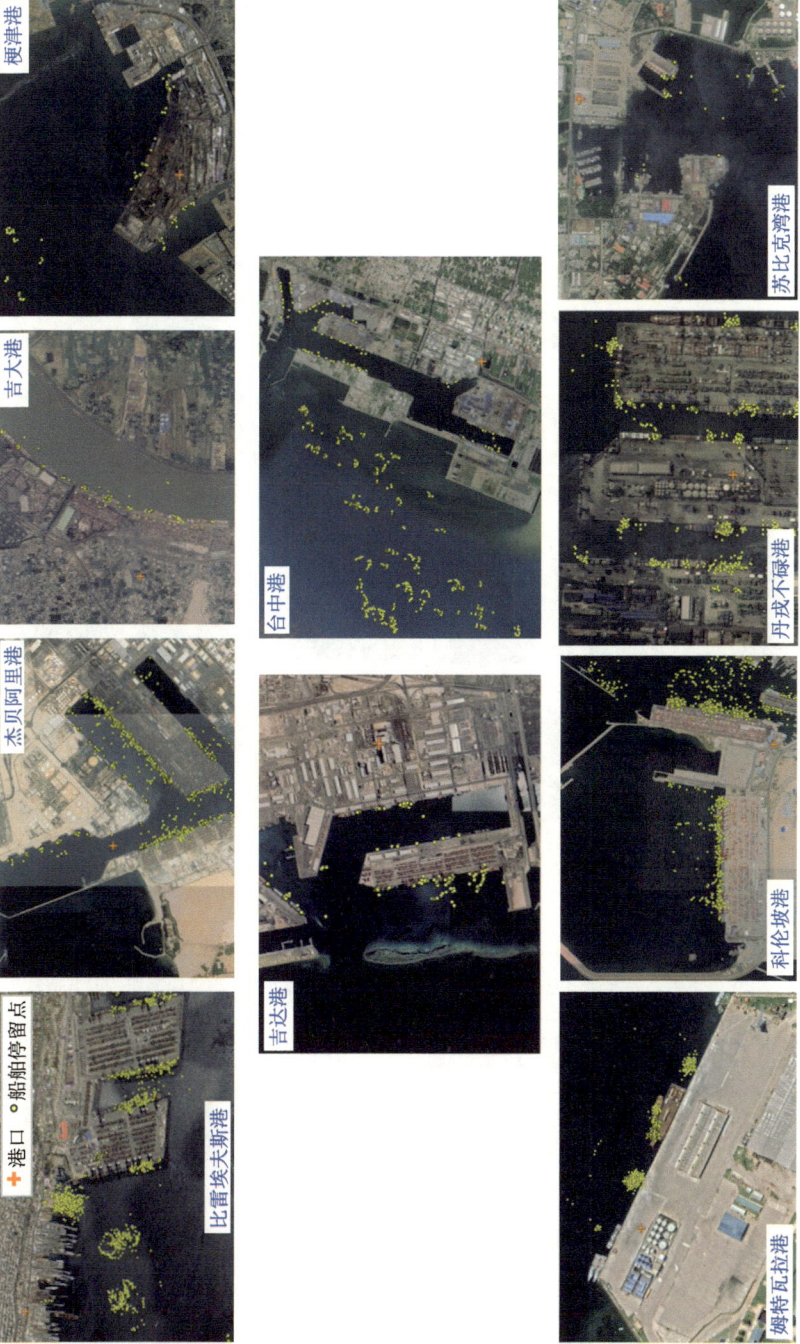

第 3 章 地理知识约束的船舶停留点与港口识别

图3-11 船舶停留点提取结果与港口影像叠加显示

· 69 ·

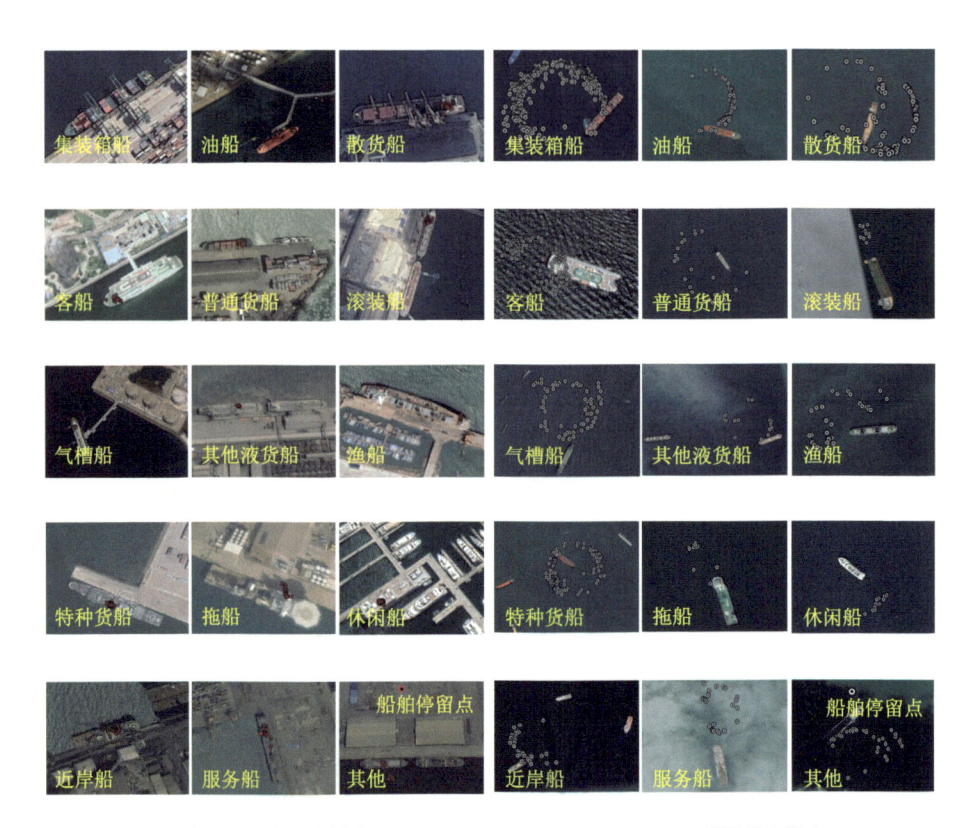

(a) 泊位停留样本　　　　　　　　(b) 锚地停留样本

样本类型	船舶类型														样本总量
	集装箱船	油船	散货船	客船	普通货船	滚装船	气槽船	其他液货船	渔船	特种货船	拖船	休闲船	近岸船	服务船	其他船	
泊位停留	174	176	177	35	91	46	44	44	46	48	43	43	41	35	42	1 085
锚地停留	151	140	128	43	79	31	35	36	44	41	43	45	42	41	40	939
样本总量	325	316	305	78	170	77	79	80	90	89	86	88	83	76	82	2 024

(c) 不同船舶类型的样本数量

图 3-12　不同船舶类型的泊位停留样本和锚地停留样本示例及样本数量

3.2.2.1 参数讨论

随机森林算法的分类精度受到特征数目和决策树个数两个参数的调控（常翔宇 等，2020），其中特征数目为每个节点随机选取的分类特征数目，决策树个数为构建随机森林模型所用的决策树个数。为了确定特征数目和决策树个数两个参数的最优取值，本节设计如下实验：特征数目参数从1至15逐一变化，特征数目最大值取15是由于选取的船舶停留方式分类特征为15个。决策树个数从10至100逐10变化、100至1 000逐50变化、1 000至2 000逐100变化。然后将特征数目与决策树个数进行不同组合，进而利用训练集对船舶停留方式分类模型进行训练。最后，利用训练好的分类模型对测试集和验证集进行船舶停留方式分类，并利用分类精度、Kappa系数、运行时长三个指标评估模型在测试集和验证集的分类效果，其结果如图3-13所示。

对于特征数目参数：特征数目从1～3增加时，分类模型在测试集和验证集上的总体分类精度逐步提升；特征数目大于等于4时，分类精度趋于稳定[图3-13(a)和图3-13(c)]。由于选取的船舶停留方式分类特征数量为15个，这符合Breiman(2001)建议的特征数目约为分类特征数量的平方根。对于Kappa系数[图3-13(b)和图3-13(d)]，特征数目为8时，模型在验证集上具有最高的Kappa系数0.85，同时在验证集上具有最高的分类精度0.93。相似地，特征数目为8时，模型在测试集上具有次高的Kappa系数0.89，同时在测试集上具有最高的分类精度0.95。对于运行时长，特征数目主要影响建模时长，对于模型应用的影响几乎可以忽略。特征数目在1～8时，模型训练时长随特征数目的增加呈现约3%的增长；特征数目大于8时，模型训练时长随特征数目的增速快了一倍。

对于决策树个数参数：当决策树个数在10～50区间变化时，模型的分类精度随着决策树个数的增加呈现稳步提高的趋势，当其等于250时模型的分类精度达到较高水平，随后决策树个数的变化仅使分类精度在小范围内波动，说明基于随机森林算法的分类模型在处理高维数据时具有鲁棒性。模型在测试集和验证集上分类的Kappa系数整体上呈现先增加再稳定的趋势，决策树在100～1 000的变化区间内，分类模型在测试集和验证集的Kappa系数相差仅约1%，说明基于随机森林算法的分类模型不会过拟合。由图3-13(e)、(f)和(g)可以看出，随着决策树个数的增加，模型的训练和应用耗时会显著增加。对于建模时长而言，决策树个数从10增加到2 000，其建模时长增加了约100倍，测试集的应用时长增加了约7倍，验证集的应用时长增加了约5倍。综合上述指标，最终将特征数目参数设置为8，决策树个数参数设置为250。

3.2.2.2 分类特征筛选

在船舶停留方式分类模型参数确定后,通过计算特征重要性对15个分类特征进行筛选,从而实现分类特征的降维,在保持算法分类精度和降低算法过拟合的前提下,提高算法的运行效率,利用平均精度下降(mean decrease accuracy,MDA)指标评估分类特征的重要性。随机森林模型在建树抽样时未被选中的数据称为袋外数据(out of bag,OoB),MDA指标定义为OoB数据的分类特征变量发生轻微扰动后的模型分类精度与扰动前的模型分类精度的平均减少量。分类特征变量f^j的重要性计算公式如下(Han et al.,2016):

$$\mathrm{MDA}(f^j) = \frac{1}{n}\sum_{i=1}^{n}(\mathrm{errOoB}_i^{f^j} - \mathrm{errOoB}_i) \quad (3\text{-}19)$$

式中,MDA(f^j)表示分类特征变量f^j的MDA值,值越大说明该分类特征变量引起的精度下降越大,说明该变量越重要;errOoB$_i$为模型中第i棵决策树的OoB误差;errOOB$_i^{f^j}$为随机改变分类特征f^j后,模型中第i棵决策树的OoB误差;n表示模型中决策树的个数。

船舶停留方式分类特征根据MDA指标评估后的特征重要性如图3-14所示。

由于船舶在停留时速度已经处于一个相对较低的水平,即使船舶停留时受到风、浪、流的作用而发生移动,其加速度仍然处于一个非常小的范围,故与加速度有关的分类特征不适用于区分船舶停留方式。与距离相关的分类特征对于船舶停留方式的区分最为重要,其次是船舶轨迹点的速度和航行角度特征。这也符合泊位情景和锚地情景下对船舶停留活动的约束规则。基于MDA指标,删除了与加速度相关的3个分类特征,确立了船舶停留方式分类模型最终的12个分类特征:距离85分位数、平均距离、距离标准差、平均速度、与海岸线距离、圆形度、平均航行角度、速度85分位数、停留时长、航行角度标准差、航行角度85分位数、速度标准差。

最优分类特征确定后,利用实验数据重新对船舶停留方式分类模型进行实验,确立新的特征数目参数和决策树个数参数,从而实现模型的高效建立和保证分类精度。经过实验,确定模型最佳的分类参数取值为:特征数目取值为5,决策树个数取值为150。新的最佳分类参数确定后,将新的分类模型用于测试集和验证集的分类。为了减少实验数据因随机划分导致的模型分类精度不一的影响,在保持训练集、验证集和测试集7:2:1的比例不变的前提下,以模型对实验数据100次随机划分结果的平均分类精度作为模型最终的分类精度。分类特征优化之后分类模型的分类效果与分类特征

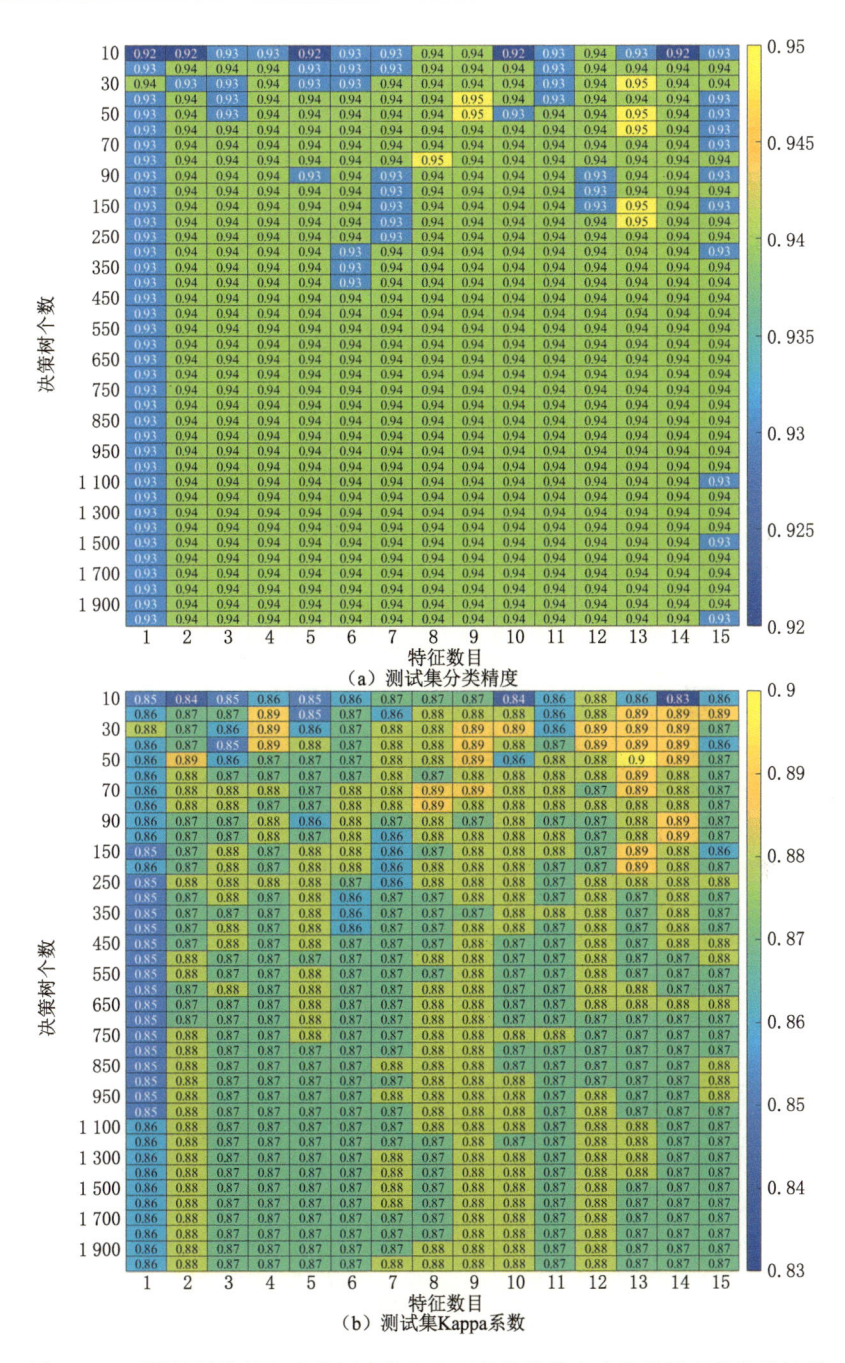

图 3-13 不同特征数目与决策树个数组合下船舶停留方式分类模型的分类结果

(c) 验证集分类精度

(d) 验证集Kappa系数

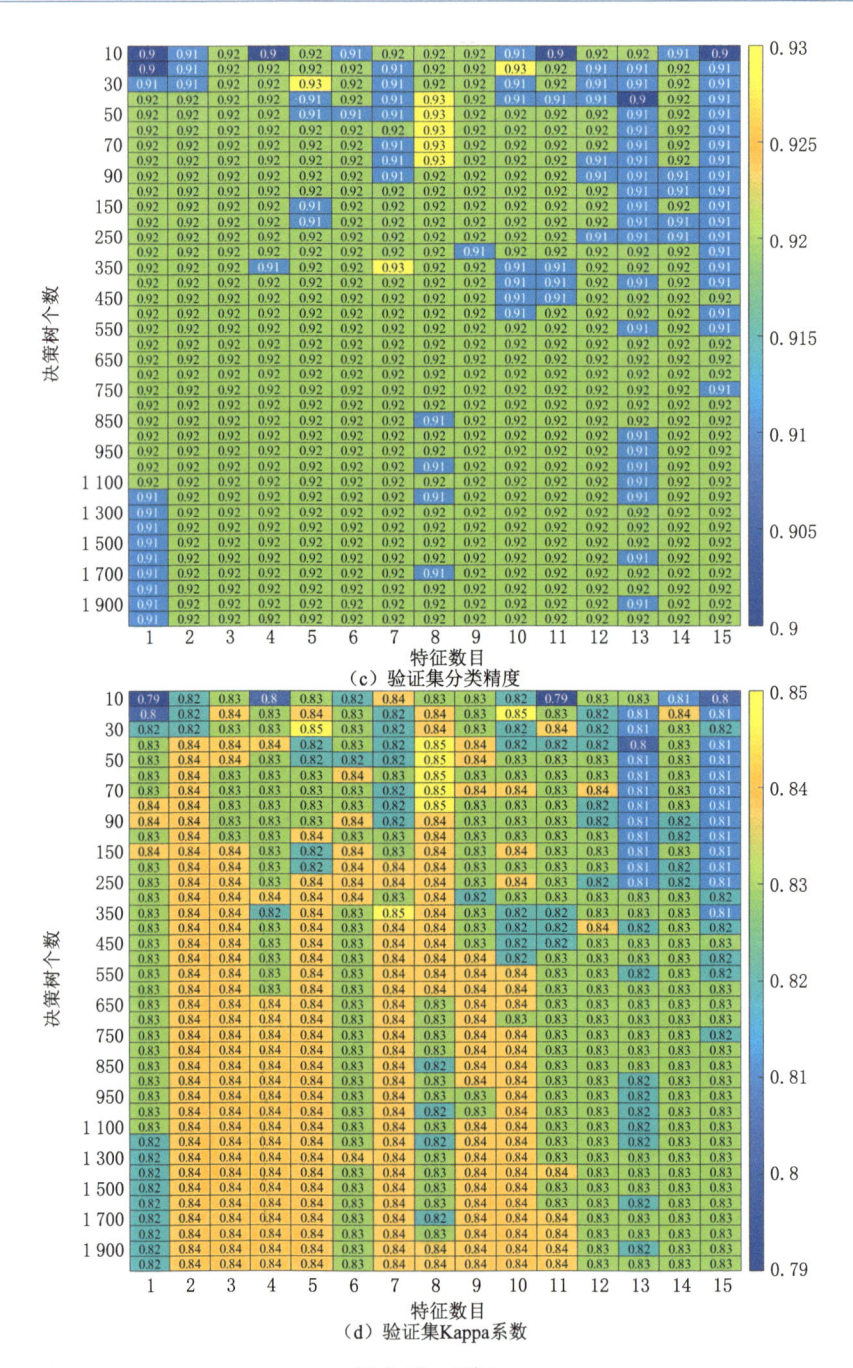

图 3-13 （续）

第 3 章 地理知识约束的船舶停留点与港口识别

（e）模型训练时长

（f）测试集分类时长

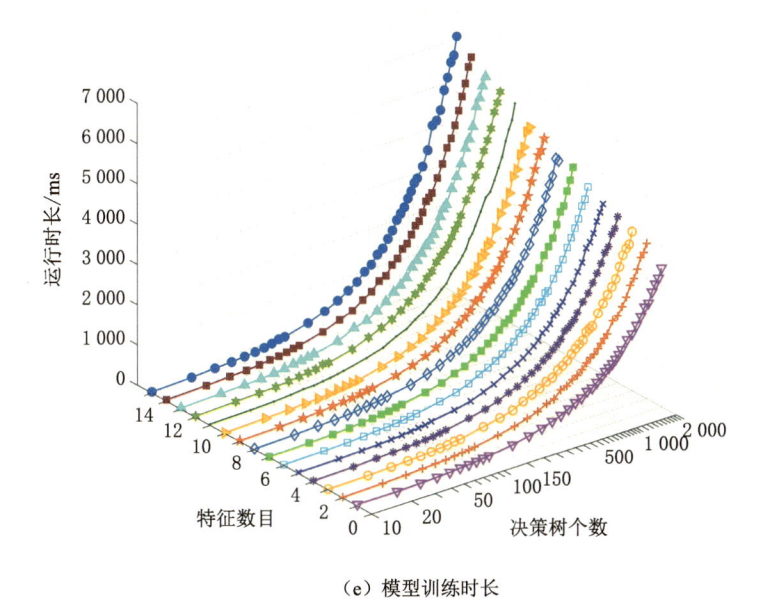

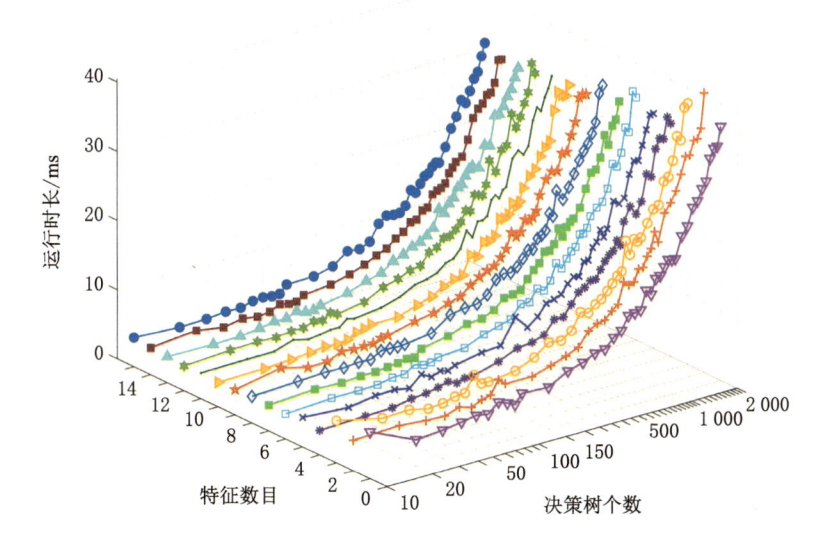

图 3-13 （续）

（g）验证集分类时长

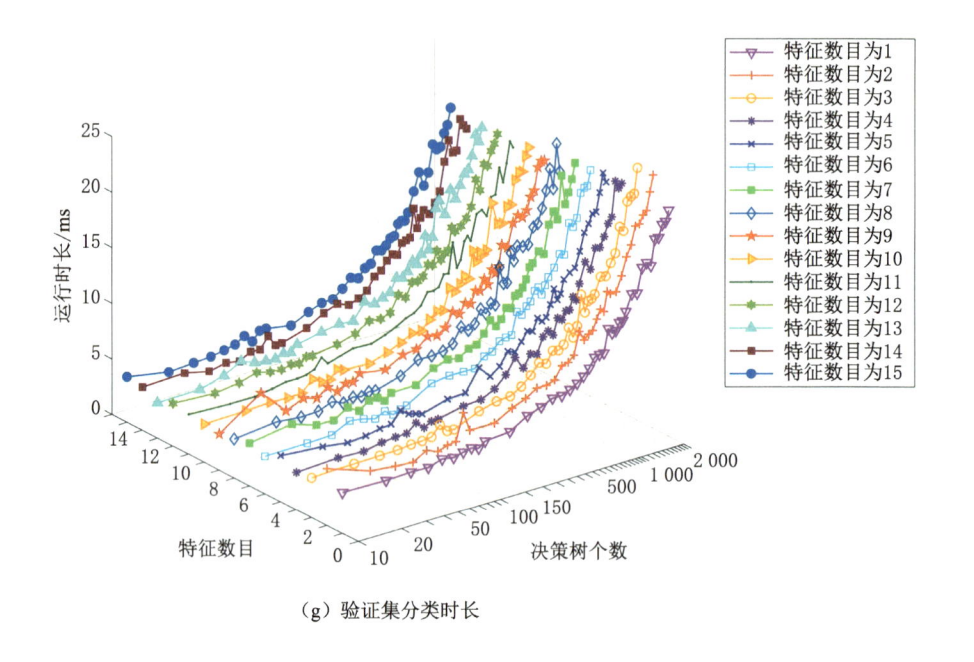

图 3-13 （续）

优选之前分类模型的分类效果对比见表 3-3。可以看出，特征优选后的分类模型在测试集和验证集上的分类效果相比于特征优选前分类模型的分类效果几乎相同（特征优选前、后的模型分类精度都约为 0.93，Kappa 系数都约为 0.87），但模型构建花费的时间显著降低（特征优选前模型建模时长为807.83 ms，特征优选后模型建模时长为 380.71 ms），只用不到原来的一半时间就可达到与之前模型相同的分类效果。因此，通过特征筛选，在降低分类特征维度的同时，可以保留船舶停留方式最重要的特征信息，从而实现时间和精度的双向收益。

表 3-3　分类特征筛选前、后船舶停留方式分类模型的分类效果对比

模型	模型参数	实验数据	分类精度	Kappa系数	运行时长/ms	
					训练时长	分类时长
原始模型	分类特征＝15 特征数目＝8 决策树个数＝250	测试集	0.93	0.87	807.83	7.06
		验证集	0.93	0.86		4.83

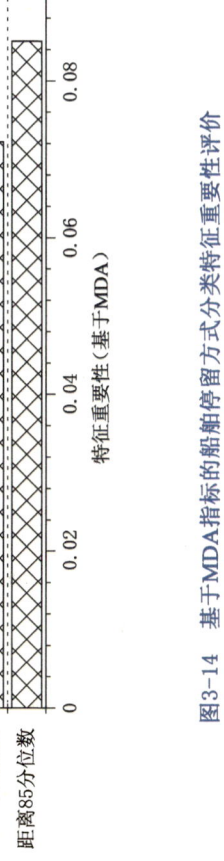

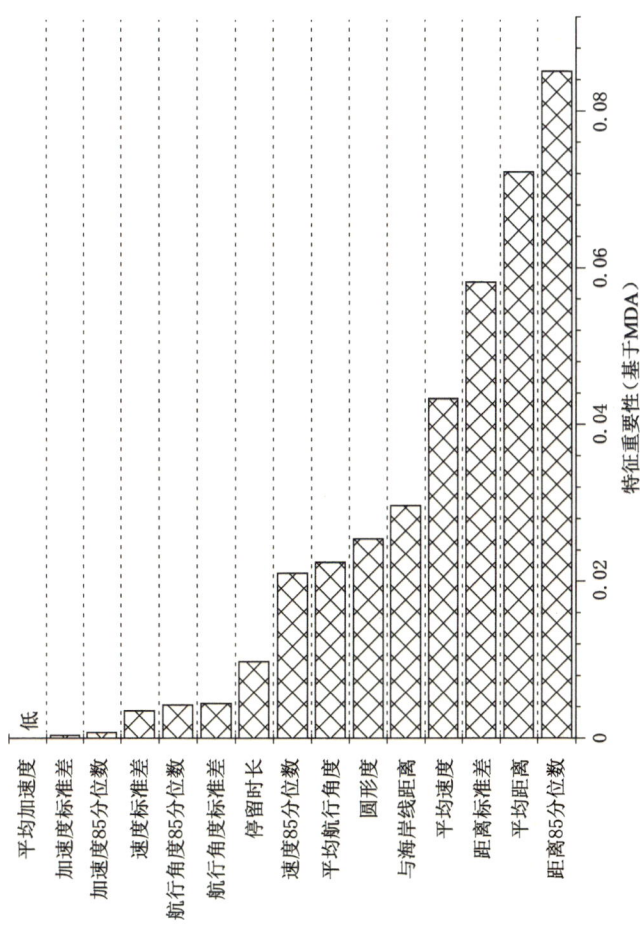

第 3 章　地理知识约束的船舶停留点与港口识别

图3-14　基于MDA指标的船舶停留方式分类特征重要性评价

表 3-3(续)

模型	模型参数	实验数据	分类精度	Kappa系数	运行时长/ms 训练时长	运行时长/ms 分类时长
特征筛选后的模型	分类特征＝12 特征数目＝5 决策树个数＝150	测试集	0.93	0.87	380.71	5.53
		验证集	0.93	0.87		4.02

3.2.2.3 方法有效性

为进一步验证基于随机森林的船舶停留方式分类算法的优势,利用特征筛选后的分类特征与现有三种模式识别分类方法(决策树分类、SVM分类、最大似然法)进行对比分析。四种方法对验证集的分类效果见表3-4。可以看出,基于随机森林的船舶停留方式分类模型对于验证集的总体分类精度为0.93,是四种分类模型中分类精度最高的,同时Kappa系数0.87也是最高的,说明基于随机森林的船舶停留方式分类方法对于船舶停留方式的分类结果与真实船舶停留方式的一致性程度最高,能够较为准确地识别船舶的停留方式,从而为船舶活动分析提供精确的语义知识,为后续港口泊位提取和船舶装卸行为的识别提供数据支撑。

表 3-4 不同船舶停留方式分类模型的分类效果对比

分类模型	实验数据	分类特征	分类精度	Kappa系数
本书模型	验证集	12	0.93	0.87
决策树分类			0.91	0.81
SVM分类			0.92	0.84
最大似然法			0.89	0.79

3.2.3 港口识别结果与分析

利用研究区内2017年的AIS数据,基于本章提出的港口点位提取方法识别出1 067个港口点位。为了验证本书方法提取港口点位的精度,将提取结果进行Google Earth影像人工核验,若提取港口点位附近5 km范围内没有港口影像则将该点位视作错误港口点位。经过人工核验,确定南海丝路区域1 050个正确港口点位,提取港口点位的准确率为98.41%。以加里曼丹岛为例,其港口点位提取结果如图3-15所示。通过分析发现,港口点位提取错误的

第 3 章　地理知识约束的船舶停留点与港口识别

图3-15　加里曼丹岛港口点位提取结果

• 79 •

原因是部分船舶在港外锚地停留的轨迹被错误分类成船舶泊位停留轨迹,因而构建了错误的港口泊位多边形,导致识别出错误的港口点位,如图 3-15 中的错误港口点位 5。然而,提取的港口错误点位仍然位于港口水域一定范围之内,只是超过了设定的 5 km 范围内有港口影像的判断标准而被判定为错误港口点位,因此本书方法提取的错误港口点位不是严格意义上的错误点位。例如,错误港口点位 5 是正确港口点位 6 的港外锚地(图 3-15)。因此,本书方法可以实现港口点位的准确提取。

为了说明本书方法提取港口点位的完整性,将南海丝路区域港口点位提取结果与 Natural Earth 数据集中的港口点位数据进行对比,对比结果见表 3-5。Natural Earth 港口点位数据经过去除河港以及人工校验为正确港口点位处理后,获得南海丝路区域 166 个港口点位。通过提取港口点位与 Natural Earth 港口点位对比发现,Natural Earth 港口点位数据包含的南海丝路区域 166 个港口都被本书方法准确提取。例如,Natural Earth 港口点位数据覆盖的波斯湾区域的布什尔港、阿巴斯港、马斯喀特港、盖勒哈特港等,以及台湾海峡区域的厦门港、高雄港、台中港、台北港、基隆港等,都包含在提取港口点位中。此外,通过表 3-5 可以看出,提取的南海丝路区域港口点位数量远高于 Natural Earth 港口点位数据中覆盖的港口数量,如提取港口点位包含的台湾海峡区域的东山港、金门港、泉州港、莆田港、安平港、麦寮港、花莲港等,是 Natural Earth 港口点位数据所不包含的。因此,相比于 Natural Earth 港口点位数据,提取的港口点位覆盖完整性大大增加。

表 3-5 南海丝路区域提取的港口点位与 Natural Earth 港口点位对比

编号	港口名称	所属国家	Natural Earth 港口点位 覆盖	坐标	本书提取港口结果 覆盖	坐标
1	阿巴斯港	伊朗	是	56.204 2°E,27.140 8°N	是	56.206 3°E,27.141 3°N
2	阿布扎比港	阿联酋	是	54.372 6°E,24.525 0°N	是	54.387 5°E,24.524 7°N
3	阿萨布港	厄立特里亚	是	42.750 0°E,13.000 0°N	是	42.750 0°E,13.002 0°N
4	八户港	日本	是	141.523 5°E,40.545 8°N	是	141.550 0°E,40.533 3°N
5	巴林港	巴林	是	50.658 8°E,26.158 6°N	是	50.616 6°E,26.200 00°N
...	...	...	...	...	...	...

第 3 章　地理知识约束的船舶停留点与港口识别

表 3-5(续)

编号	港口名称	所属国家	Natural earth 港口点位 覆盖	坐标	本书提取港口结果 覆盖	坐标
162	长崎港	日本	是	129.859 5°E,32.740 2°N	是	129.868 5°E,32.745 9°N
163	舟山港	中国	是	122.102 6°E,30.003 3°N	是	122.247 7°E,29.946 1°N
164	朱拜勒港	沙特阿拉伯	是	49.670 9°E,27.028 6°N	是	49.683 3°E,27.016 6°N
165	珠海港	中国	是	113.584 2°E,22.239 7°N	是	113.575 5°E,22.284 3°N
166	佐世保港	日本	是	129.707 7°E,33.156 9°N	是	129.716 6°E,33.166 6°N
167	安平港	中国	否	—	是	120.166 5°E,22.969 7°N
168	泉州港	中国	否	—	是	118.600 0°E,24.883 3°N
169	河静永安港	越南	否	—	是	106.408 6°E,18.111 6°N
170	哈里发港	阿联酋	否	—	是	54.685 2°E,24.772 7°N
171	威海港	中国	否	—	是	122.100 0°E,37.500 0°N
…	…	…	…	…	…	…
1 046	平泽港	韩国	否	—	是	126.787 9°E,37.008 6°N
1 047	济州港	韩国	否	—	是	126.533 3°E,33.516 6°N
1 048	普林塞萨港	菲律宾	否	—	是	118.728 1°E,9.741 6°N
1 049	拉哈达图港	马来西亚	否	—	是	118.367 5°E,5.018 8°N
1 050	本尤港	印度尼西亚	否	—	是	117.837 0°E,3.461 7°N

此外,提出的港口点位提取方法同样存在局限性。由于本书方法以 AIS 数据作为输入数据,对于规模极小的港口,如小渔港、客运码头等,本书方法可能无法识别出该类港口,如图 3-15 中的港口点位 8 和 9 就没有被检测出。由于船舶总吨 300 以上的船舶才会装备 AIS 系统,通常进出这些小港口的船舶并没有装备 AIS 系统,因此它们的活动轨迹不能被 AIS 系统捕捉到,从而导致本书方法不能提取出该类港口。同样的,对于一些军港,本书方法可能也无法提取其空间位置。这是因为军舰在执行任务时往往需要掩盖行踪,即使其装备了 AIS 系统,也通常会被人为关闭。因此,本书提出的港口点位提取方

法的局限性主要表现在不能提取没有 AIS 数据覆盖的港口的空间位置。然而，对于大部分参与海运贸易的港口而言，由于 AIS 数据覆盖良好，本书方法几乎都能准确提取这类港口的点位。因此，对于海运贸易分析而言，该方法提取的港口点位是有效的。

3.3 本章小结

针对海量船舶轨迹数据时空特征丰富但语义特征匮乏不利于发现其隐含知识的问题，本章提出一种地理知识约束的船舶停留点与港口识别方法。该方法不仅充分挖掘船舶轨迹自身特征，而且考虑船舶活动发生地理情景的语义知识，从而克服现有数据挖掘方法忽略轨迹数据语义关联的缺陷，实现船舶停留点和港口识别。

第 4 章 "停留-移动"船舶轨迹抽象模型构建与轨迹分析

船舶交通流特征与船舶航线是海洋态势感知的基础,对于海运贸易分析、航线设计、生态保护、航行安全等具有重要意义。船舶交通流特征如船舶航行密度,通常展现形式为船舶轨迹在地图上的定量可视化表达。船舶航线,也称船舶航道、船舶主航线等,是指由于燃油效率、海上保护区政策、安全威胁等因素,船舶遵循的标准化航线(Forti et al,2019)。船舶航线是多艘船舶航行的习惯性选择,其本质为船舶活动的群体模式。船舶轨迹是船舶活动的个体模式,记录了船舶个体在一段时间内的空间活动。船舶行程轨迹表达了船舶单个行程的轨迹,是船舶轨迹的子集,也是船舶轨迹分析与航线提取的基础。

现有研究对于船舶行程轨迹划分方法主要分为两类:一类是基于轨迹特征的方法,如通过设定船舶轨迹的时间间隔(Wu et al.,2017)、方向变化阈值(王加胜,2014)等分割船舶行程;一类是辅助船舶进出港信息的方法,如通过船舶日志文件、港口收集的船舶进出港资料等(Kaluza et al.,2010),将船舶从一个港口至另一个港口的航行轨迹划分成一个行程。基于轨迹特征的方法难以实现船舶真实行程的划分,这主要是因为该类方法无法关联船舶的进出港信息,仅通过船舶轨迹特征(如船舶轨迹点时间间隔超过时间阈值)容易划分出较多虚假行程。辅助船舶进出港信息的方法可以实现船舶真实行程的划分,然而可靠性高、覆盖范围广的船舶进出港信息较难获取,限制了该类方法在大范围海域内的应用。在本书第 3 章提出的地理知识约束的船舶停留点与港口识别方法中,已经实现了船舶在港口停留活动的提取,并且赋予船舶停留发生处的地理情景信息,即已知船舶停留关联的港口信息,从而保障了船舶行程的正确划分。

船舶航线反映了船舶海上交通作业、交通规划政策、船舶操纵行为、水文特征综合作用下的船舶交通规律,具有长期保持稳定的特征,可以用反映船舶主要交通模式的航行路线表征真实海运交通的航道(Xiao et al.,2020)。现有文献中有关船舶航线的提取方法主要分为三类：基于格网的方法(陈金海等,2012;Wu et al.,2017)、基于矢量的方法(Pallotta et al.,2013;Fiorini et al.,2016)和基于统计的方法(Xiao et al.,2015;Vespe et al.,2016)。这些方法显示了应用AIS数据提取船舶航线的可行性,但现有方法在大范围海域的适应性、方法复杂性以及与真实海运交通航线的符合性方面还存在各种问题。此外,现有船舶航线提取方法多专注于船舶轨迹位置信息的挖掘,忽略了提供关于船舶活动重要语义知识的背景上下文信息。为了克服大区域、海量船舶轨迹行程划分不准确和船舶航线提取难度大的问题,有必要提出新的技术方法实现船舶行程轨迹的通用划分和航线准确提取。

针对仅依靠轨迹数据特征无法实现船舶行程轨迹通用划分不利于轨迹分析与航线提取的问题,提出一种"停留-移动"船舶轨迹抽象模型构建与轨迹分析方法,其技术框架如图4-1所示。该方法主要包括船舶轨迹抽象模型构建、船舶交通流分析和船舶航线提取等,在船舶停留点和港口识别的基础上,基于活动理论实现船舶轨迹的通用划分,并借助图论理论实现船舶航线提取。

4.1 基于活动理论的船舶轨迹抽象模型构建

4.1.1 活动理论

活动理论是研究人类与活动之间关系的理论,不仅认为个体与社会存在相互联系,还认为客观环境对人类活动有重要影响(Engeström,2001;Wilson,2006;周晓英 等,2018)。活动理论是微观层面的研究范式,可以指导从个体活动层面入手,"见微知著"感知群体活动层面的一般模式和特征。康德和黑格尔的古典哲学、马克思的辩证唯物主义被认为是活动理论的源头,活动理论先后经历三个发展阶段,由苏联心理学家维果斯基、列昂捷夫及芬兰心理学家恩格斯托姆不断发展和完善(吕巾娇 等,2007)。其中,恩格斯托姆提出的第三代活动理论突破了个体与共同体的限制,将活动系统纳入整个社会背景去分析,奠定了当代活动理论的研究框架。

交通行为可以看成是人类为了实现某种需求利用交通工具完成的地理位移,因此交通活动依然是人的活动,这与活动理论高度契合,可以用活动理论指导交通行为的分析。活动理论已应用于居民出行活动感知与预测(邓中伟,2012)、老年人日常出行模式(王雨佳 等,2018)、青少年上学通勤行为(Mitra,

第 4 章 "停留-移动"船舶轨迹抽象模型构建与轨迹分析

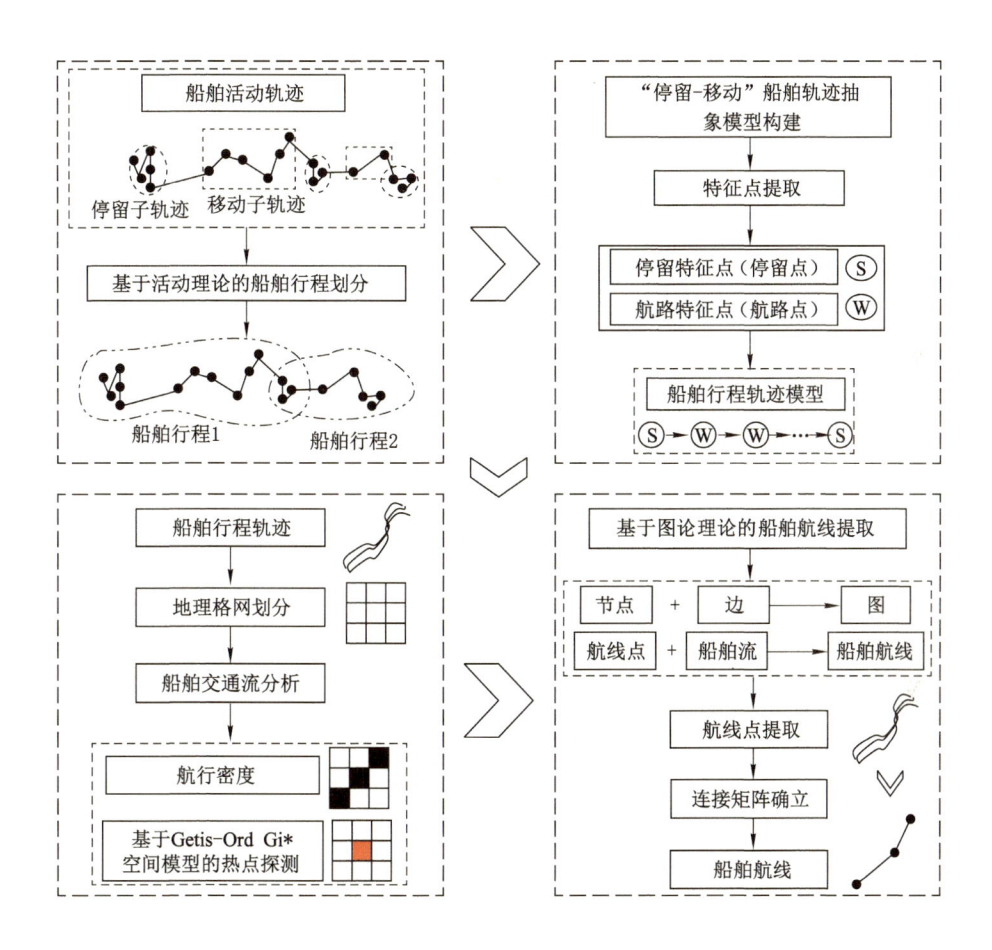

图 4-1 "停留-移动"船舶轨迹抽象模型构建与轨迹分析方法技术框架

2013)、城市轨道交通乘客活动特征(Tiago et al.,2017)、社交软件对出行行为的影响(Ettema,2018)等。然而,活动理论应用到货物运输尤其是海上运输的研究较少,其原因是活动理论建立在细粒度的个体活动数据分析的基础上,微观船舶轨迹数据的匮乏限制了活动理论在海运活动中的应用。随着船舶轨迹数据的涌现,这一限制已经被打破,因此在活动理论指导下进行船舶轨迹分析成为可能。活动理论下海运交通基本要素之间的对应关系如图 4-2 所示。

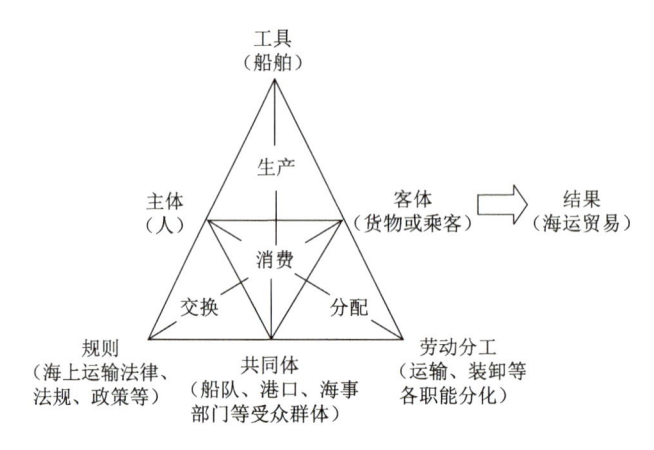

图 4-2 活动理论下海运交通模型

AIS 数据提供了船舶精细的时空信息,能够表达船舶精细的活动。活动理论的"停留"(Stop)和"移动"(Move)两个重要概念,可以指导船舶行程轨迹的划分。因此,基于活动理论构建"停留-移动"船舶抽象模型可以实现船舶行程轨迹的正确划分和简化表达。

4.1.2 船舶行程轨迹数学表达

船舶轨迹是指按照时间顺序依次连接的船舶轨迹点。当观测时间较长时,船舶轨迹一般包括多个行程。船舶轨迹的数学表达如下:

$$\mathrm{Traj}_{\mathrm{vessel}_p}^{[t_1,t_n]} = p_1 \rightarrow p_2 \rightarrow \cdots \rightarrow p_n = \{\mathrm{Route}_1, \mathrm{Route}_2, \cdots, \mathrm{Route}_m\}$$

(4-1)

式中,$\mathrm{Traj}_{\mathrm{vessel}_p}^{[t_1,t_n]}$ 为船舶 vessel_p 在时间范围 $[t_1,t_n]$ 内的轨迹;p_n 是船舶 vessel_p 在 t_n 时刻报告的轨迹点;Route_m 为 vessel_p 的第 m 个行程。

船舶停留在文中专指船舶在港口区域的停留,表示为连续船舶停留点组

成的轨迹,是船舶轨迹的子集,其数学表达如下:
$$\text{Stop}_{\text{vessel}_p}^{[t_i,t_j]} = p_i \rightarrow p_{i+1} \rightarrow \cdots \rightarrow p_j, \text{Stop}_{\text{vessel}_p}^{[t_i,t_j]} \subseteq \text{Traj}_{\text{vessel}_p}^{[t_1,t_n]}, t_1 \leqslant t_i < t_j \leqslant t_n$$
(4-2)

式中,$\text{Stop}_{\text{vessel}_p}^{[t_i,t_j]}$ 为船舶 vessel$_p$ 在时间范围$[t_i,t_j]$内的停留轨迹;p_i 为船舶 vessel$_p$ 在t_i时刻的停留点,船舶停留点的识别方法见 3.1 节。

船舶移动是指时序相邻的两个船舶停留之间的轨迹,仍然是船舶轨迹的子集,其数学表达如下:
$$\text{Move}_{\text{vessel}_p}^{[t_{j+1},t_{k-1}]} = (\text{Stop}_{\text{vessel}_p}^{[t_i,t_j]}, p_{j+1} \rightarrow p_{j+2} \rightarrow \cdots \rightarrow p_{k-1}, \text{Stop}_{\text{vessel}_p}^{[t_k,t_l]}),$$
$$\text{Stop}_{\text{vessel}_p}^{[t_i,t_j]}, \text{Stop}_{\text{vessel}_p}^{[t_k,t_l]} \notin \text{Move}_{\text{vessel}_p}^{[t_{j+1},t_{k-1}]}$$
(4-3)

式中,$\text{Move}_{\text{vessel}_p}^{[t_{j+1},t_{k-1}]}$ 为船舶 vessel$_p$ 在时间范围$[t_{j+1},t_{k-1}]$内的移动轨迹,为船舶停留轨迹$\text{Stop}_{\text{vessel}_p}^{[t_i,t_j]}$ 和$\text{Stop}_{\text{vessel}_p}^{[t_k,t_l]}$之间时序轨迹点的连线。

船舶行程是指船舶从一个停留到下一个停留的所有时序轨迹,是停留与移动的并集,依然为船舶轨迹的子集,其数学表达如下:
$$\text{Route}_{\text{vessel}_p}^{[t_i,t_l]} = \text{Stop}_{\text{vessel}_p}^{[t_i,t_j]} \rightarrow \text{Move}_{\text{vessel}_p}^{[t_{j+1},t_{k-1}]} \rightarrow \text{Stop}_{\text{vessel}_p}^{[t_k,t_l]},$$
$$[t_i,t_j] \bigcup [t_{j+1},t_{k-1}] \bigcup [t_k,t_l] = [t_i,t_l],$$
$$\text{Route}_{\text{vessel}_p}^{[t_i,t_l]} \subseteq \text{Traj}_{\text{vessel}_p}^{[t_1,t_n]}, t_1 \leqslant t_i < t_l \leqslant t_n$$
(4-4)

式中,$\text{Route}_{\text{vessel}_p}^{[t_i,t_l]}$ 为船舶 vessel$_p$ 在时间范围$[t_i,t_l]$内的一个行程。

船舶行程端点是指船舶行程的起讫点(OD),实质为船舶停留。由于提取的船舶停留具有实际的地理情景信息,即船舶停留发生的场所为港口,因此船舶行程轨迹为船舶从一个港口到另一个港口的航行轨迹,使得船舶行程的划分符合船舶真实的行程,具有语义指向,从而为后续轨迹分析和海运贸易网络的构建提供了支撑。

4.1.3 "Stop-Waypoint"船舶行程轨迹抽象模型

AIS 系统的采样频率较高,导致船舶轨迹的位置信息产生大量冗余。如果使用 AIS 数据中报告的所有轨迹点构建船舶轨迹,无疑将增加海量船舶轨迹挖掘分析的难度,且十分耗时。此外,现有研究表明只用具有明显特征的轨迹点抽象船舶轨迹并不会明显降低后续轨迹数据挖掘分析结果的准确性(张远强 等,2020)。因此,删除 AIS 数据中冗余的位置信息,以船舶特征点的方式抽象船舶轨迹是十分必要的。船舶轨迹压缩算法通过舍弃船舶轨迹中冗余的轨迹点生成近似轨迹。现有船舶轨迹压缩算法已在前述 1.2.3 小节进行了归纳总结,其中 Douglas-Peucker 算法以及其延伸算法是最常用的船舶轨迹压缩算法。Douglas-Peucker 算法通过比较轨迹点到基线的垂直距离与事先设定的距离阈值的关系来选取特征点(Zhao et al.,2018b)。Douglas-Peucker 算法对于变化平缓的轨迹具有较好的简化效果(杨家骏 等,2012),然而该方法使用单一简化指标使得压缩后的轨迹容易丢失一些重要的特征点,对于在狭窄水道航行的船舶轨迹尤为明显。现有船舶轨迹压缩方法较少考虑语义信息,多是从船舶轨迹的位置、航向、速度等数据特征入手进行简化处理,对于船舶停留轨迹而言只需用一个停留特征点就可表达整个船舶停留轨迹,因为其停留语义特征是其主要特征,因此发展一种综合语义信息和轨迹特征相结合的船舶轨迹抽象模型十分必要。

"Stop-Move"模型是轨迹分析中一个广泛应用的概念模型,由Spaccapietra 等(2008)提出。该模型依赖于活动理论中的两个关键概念:停留(Stop)和移动(Move)。基于"Stop-Move"模型的轨迹抽象方法首先将轨迹点序列分割成停留子集和移动子集,然后对不同的子集赋予相关语义知识,以此进行轨迹挖掘和知识发现。借鉴"Stop-Move"模型思想,综合船舶轨迹的语义信息和特征信息,建立"Stop-Waypoint"船舶轨迹抽象模型,实现船舶行程轨迹的通用划分和简化表达。"Stop-Waypoint"船舶轨迹抽象模型的核心思想是将船舶行程轨迹抽象为船舶停留特征点与移动特征点的组合,其中船舶停留特征点即船舶在港口处的停留(Stop),船舶移动特征点用航路点(Waypoint)来表示。航路点定义为船舶移动状态下发生运动变化的轨迹点,具体表现为船舶移动状态下航行速度或航行角度发生明显变化的移动点。"Stop-Waypoint"船舶行程轨迹抽象模型的原理图如图4-3所示。"Stop-Waypoint"船舶行程轨迹抽象模型的数学表达如下:

$$\text{Route}_{\text{vessel}_p}^m = \widetilde{S}_{\text{vessel}_p}^{\text{orig}} \rightarrow \widetilde{W}_{\text{vessel}_p}^1 \rightarrow \widetilde{W}_{\text{vessel}_p}^2 \rightarrow \cdots \rightarrow \widetilde{W}_{\text{vessel}_p}^n \rightarrow \widetilde{S}_{\text{vessel}_p}^{\text{dest}} \quad (4-5)$$

式中,$\text{Route}_{\text{vessel}_p}^m$ 表示船舶vessel_p的第m个行程轨迹;$\widetilde{S}_{\text{vessel}_p}^{\text{orig}}$为该行程的起始停留特征点;$\widetilde{S}_{\text{vessel}_p}^{\text{dest}}$为该行程的目的地停留特征点;$\widetilde{W}_{\text{vessel}_p}^n$为该行程移动轨迹的第$n$个航路点。

停留特征点以船舶停留轨迹段的中心点来表征,3.1节已经实现了船舶停留轨迹段的提取,停留特征点可表示为:

$$\widetilde{S}_{\text{vessel}_p}^K = (\frac{\sum_{i=1}^{n} p_i^{\text{lon}}}{n}, \frac{\sum_{i=1}^{n} p_i^{\text{lat}}}{n}), p_i \in \text{Stop}_{\text{vessel}_p}^K \quad (4-6)$$

式中,$\widetilde{S}_{\text{vessel}_p}^K$为船舶停留轨迹段$\text{Stop}_{\text{vessel}_p}^K$的停留特征点;$p_i^{\text{lon}}$与$p_i^{\text{lat}}$分别为船舶停留点$p_i$的经度和纬度;$n$为$\text{Stop}_{\text{vessel}_p}^K$包含的所有船舶停留点数量。

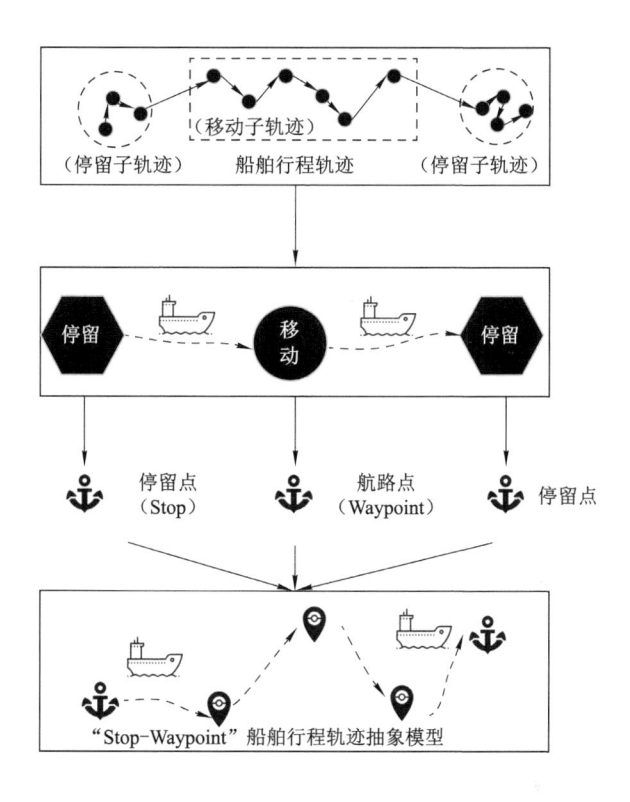

第 4 章 "停留-移动"船舶轨迹抽象模型构建与轨迹分析

图 4-3 "Stop-Waypoint"船舶行程轨迹抽象模型原理图

船舶行程轨迹是停留特征点和航路点的组合,因此航路点识别是船舶行程轨迹模型构建的关键,将在下一小节详细阐述航路点识别方法。

基于"Stop-Waypoint"模型的船舶行程轨迹抽象方法的算法流程如图 4-4 所示,该算法的具体步骤如下:

① 单船轨迹筛选。AIS 原始轨迹数据经过 2.3 节预处理,实现了唯一船的划分。通过每艘船的唯一标识进行单船轨迹筛选。

② 船舶轨迹语义分割。对于每艘船舶的轨迹,基于 3.1 节船舶停留点识别算法提取船舶轨迹的停留子轨迹,赋予停留子轨迹停留语义。然后,按照时间序列将相邻两个船舶停留子轨迹之间的船舶轨迹标记为船舶移动子轨迹,赋予移动子轨迹移动语义。

③ 船舶行程轨迹划分。对于每艘船舶的轨迹,基于活动理论进行船舶行

· 89 ·

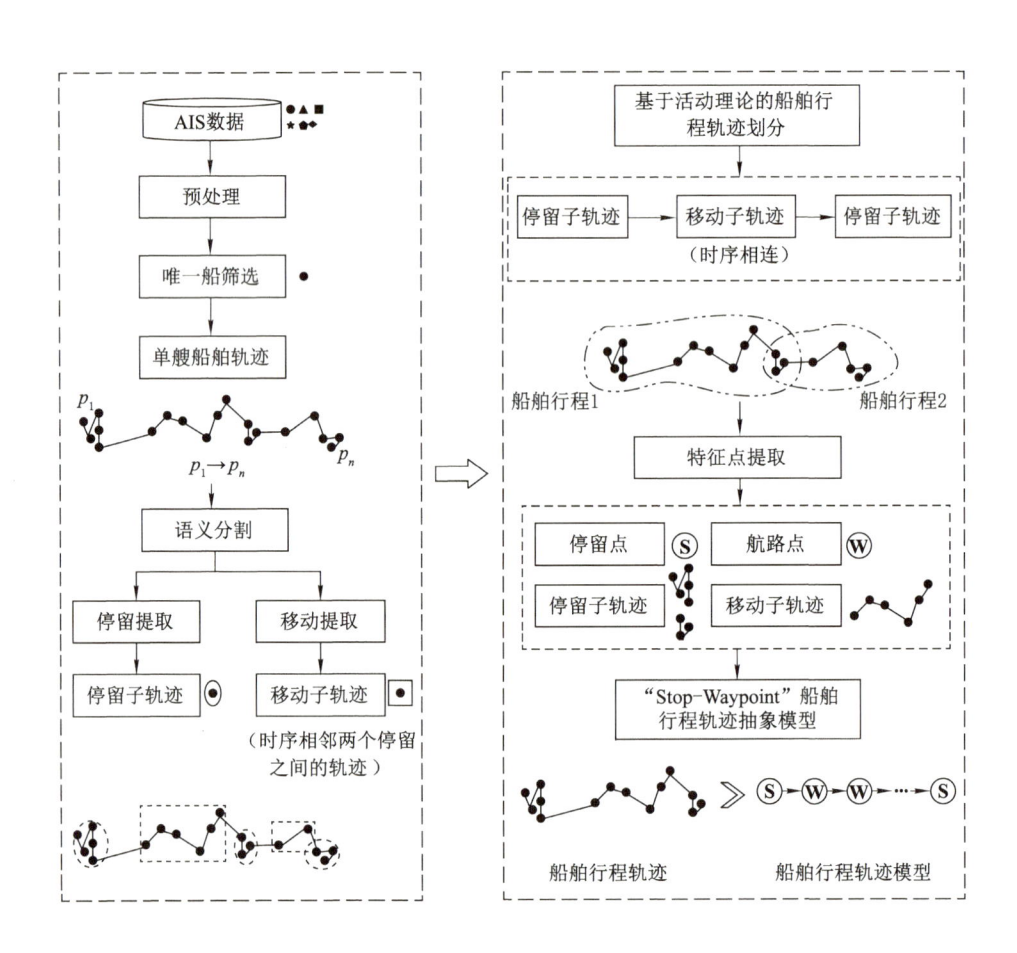

图 4-4 基于"Stop-Waypoint"模型的船舶行程轨迹抽象方法流程

程划分,即时间相邻的两个船舶停留子轨迹与其之间的船舶移动子轨迹组成一个船舶行程轨迹。

④ 船舶活动特征点提取。对于每个船舶行程轨迹,以船舶停留特征点表征船舶停留子轨迹,以船舶航路点表征船舶移动子轨迹。

⑤ 船舶行程轨迹抽象。基于"Stop-Waypoint"模型将船舶行程轨迹抽象为船舶停留特征点与航路点时序相连的线段,实现船舶行程轨迹的划分和抽象。

4.1.4 航路点识别

航路点是指船舶在移动中进行操纵改变既有运动行为,其速度和航行方向发生显著变化的移动特征点。对于大型商船,由于其操纵性能不够灵活,其运动行为发生变化是一个缓慢的过程,可以用航路点来表征这一过程。为了保证航行的安全,运动行为发生变化时往往以一个相对较低的速度进行,因此船舶在航路点前、后的速度会表现出明显的差异,同时船舶航行方向也会发生改变。如前所述,两个时序相邻船舶停留之间的轨迹为船舶移动轨迹,商船特别是大型船舶在航行过程中为了寻求最优的燃油消耗不会进行频繁的操纵(Forti et al.,2019),故可以用航路点之间的连线来表征船舶移动轨迹。基于轨迹特征提取船舶移动轨迹中的航路点,顾及船舶移动轨迹的速度和方向实现船舶移动轨迹的简化表达。

基于轨迹特征的航路点识别算法的核心思路如下:对于一艘船舶的某一条时序排列的移动轨迹 $M_p = (p_1, p_2, \cdots, p_n)$,其中 p_i 为该移动轨迹中的第 i 个移动点,判断移动轨迹点 p_i 是否为候选航路点的条件如下:

$$\text{Way}(p_i) = \begin{cases} 1, & \text{if } |\bar{v}_{p_i} - \bar{v}_{p_{i+1}}| > \bar{v}_T \text{ or } |C_{p_i} - C_{p_{i+1}}| > C_T \\ 0, & \text{otherwise} \end{cases} \quad (4\text{-}7)$$

式中,$\text{Way}(p_i)=1$ 表示移动轨迹点 p_i 为候选航路点,$\text{Way}(p_i)=0$ 表示移动轨迹点 p_i 不是候选航路点;$\bar{v}_{p_i}$ 为船舶在轨迹段 $\overrightarrow{p_i, p_{i+1}}$ 航行时的平均速度,其计算公式为:

$$\bar{v}_{p_i} = \frac{\text{dis}(\overrightarrow{p_i, p_{i+1}})}{t_{i+1} - t_i} \quad (4\text{-}8)$$

式中,t_i 与 t_{i+1} 分别为船舶轨迹点 p_i 和 p_{i+1} 的时刻;$\text{dis}(\overrightarrow{p_i, p_{i+1}})$ 为轨迹点 p_i 到 p_{i+1} 之间的距离;C_{p_i} 为船舶在轨迹段 $\overrightarrow{p_i, p_{i+1}}$ 航行时的角度;$\bar{v}_T$ 和 C_T 分别为平均航速变化阈值和航行角度变化阈值。在本书研究中,根据经验确定了 $\bar{v}_T$ 和 C_T 的取值,$\bar{v}_T$ 是 2 节,C_T 是 10°。

图 4-5 所示为航路点识别示例。对于船舶移动轨迹 $M=(p_1,p_2,\cdots,p_{10})$，按照时间序列依次计算两个相邻轨迹点组成轨迹段的平均航速和航行角度，然后比较相邻两个轨迹段的平均速度变化值与航行角度变化值是否超过阈值，若任意一个指标超出阈值即认为该移动轨迹点为航路点。由于船舶在 p_3 处的平均航速变化值大于速度阈值，p_4、p_5 处的航行角度变化值大于角度阈值，p_7、p_9 处的航行角度和平均航速变化值均大于阈值，故这些移动轨迹点被识别为航路点，最终得到该移动轨迹的抽象表达，$M'=(p_3,p_4,p_5,p_7,p_9)$。

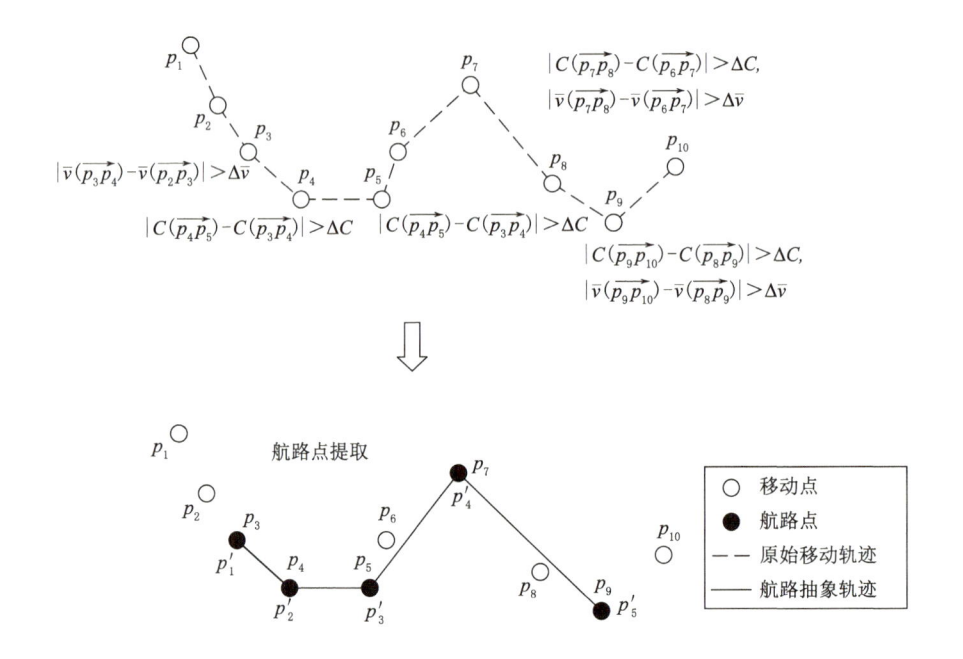

图 4-5　船舶航路点识别示例

4.2　船舶交通流时空特征分析方法

船舶交通流特征是海上交通的直观反映，分析船舶交通流特征对于挖掘海上交通规律、保障海上航行安全具有重要作用。此外，船舶交通流特征还可促进海运贸易的研究，具有重要的经济价值（Wu et al.,2017）。船舶交通密度是船舶交通流分析的重要特征，其研究主要分为两类：点密度和线密度。船舶交通点密度是以船舶轨迹点为统计量，通过计算单位面积单位时间内船舶轨迹点的数量来映射船舶交通分布(Eucker,2012;Vespe et al.,2016;Yan et al.,2017),常用于发现船舶活动的聚集区域。由于 AIS 数据采样间隔不一致,导致基于点密度的分析往往不能反映真实的船舶活动特征。船舶交通线密度是以船舶行程轨迹为统计量,通过计算单位面积单位时间内船舶轨迹线数量来反映船舶交通分布(Chen et al.,2015;梅强 等,2018;Zhang et al.,2019)。除了能够发现船舶活动的聚集区域外,由于船舶轨迹具有方向性,还可进一步分析海上贸易的流向,相比基于点密度的分析更能真实反映船舶交通流特征。

4.2.1 船舶航行密度分析

以船舶行程轨迹作为海上交通流的研究对象,通过计算航行密度指标定量分析船舶交通流时空分布特征。航行密度的定义为单位时间单位面积通过的船舶行程轨迹的数量,其数学表达如下:

$$\text{TrafficDensity}_{\text{timeframe}}^{\text{polygon}} = \frac{\text{TralineCount}_{\text{timeframe}}^{\text{polygon}}}{\text{timeframe} \times \text{Area}(\text{polygon})} \quad (4\text{-}9)$$

式中,$\text{TrafficDensity}_{\text{timeframe}}^{\text{polygon}}$ 表示区域 polygon 内在观测时间段 timeframe 的船舶航行密度,由于 AIS 系统采集数据的更新频率可达秒级,因此易于获取小时尺度、天尺度、月尺度、季尺度、年尺度等多时间分辨率的海上交通密度,从而分析海上交通随时间的变化规律。$\text{TralineCount}_{\text{timeframe}}^{\text{polygon}}$ 为在观测时间段 timeframe 航行通过区域 polygon 的船舶行程轨迹的数量。timeframe 为观测时间段,Area(polygon)为区域 polygon 的面积。

通过航行密度的计算公式可知,其结果受到区域划分的影响。地理格网模型是解决区域划分不确定性的一种有效方法,按照一定规则将区域划分成离散、多分辨率的格网单元,逐步逼近区域真实形状,从而将区域划分的不确定性控制在一定尺度范围内(万刚 等,2016)。地理格网模型有广义和狭义之分,广义地理格网模型是指用一系列离散的多边形来近似表达连续地球曲面的模型;狭义地理格网模型则是指以正方形作为基本格网单元的地理格网模型,是最常用的地理格网模型(周成虎 等,2009)。地理格网通过对地理数据的栅格化,可以实现多源数据的融合和综合分析。利用狭义地理格网模型将研究区海域进行格网划分,即以一定经纬度步长的正方形地理格网(如 0.5°×0.5°的格网)作为基本格网单元统计通过该网格的船舶行程轨迹数量,从而计算船舶航行密度,其计算方法如图 4-6 所示。基于地理格网模型,航行密度的计算公式可进一步表示为:

$$\text{TrafficDensity}_{\text{timeframe}}^{\text{grid}_i} = \frac{\sum_{k=1}^{K} \text{traline}_k^{\text{grid}_i}}{\text{timeframe} \times \text{Area}(\text{grid}_i)} \quad (4-10)$$

式中，grid_i 表示格网编号为 i 的网格；$\text{traline}_k^{\text{grid}_i}$ 表示在观测时间段 timeframe 内通过网格grid_i 的第 k 条船舶行程轨迹；K 为在观测时间段 timeframe 内通过网格grid_i 的船舶行程轨迹的总数量。

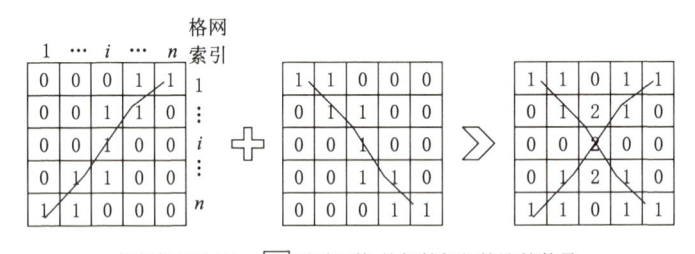

图 4-6　基于地理格网的船舶交通量统计

4.2.2　海上交通热点探测

海上交通热点区域是指船舶往来频繁、交通流量较大的区域，反映了船舶的密集航行区域。对海上交通热点区域进行分析和探测，有助于海上交通规划合理性分析，可以为海上监管、航线设计、航行安全等提供辅助决策。交通热点探测的研究集中于城市交通领域，城市交通出行热点的研究层出不穷，出现了密度法(Benedek et al.,2016)、聚类法(秦昆 等,2017)等典型方法。海上交通热点探测的研究相对较少，这与船舶轨迹采集手段的发展息息相关。近年来，通过船舶交通密度可视化定性分析海上交通热点的研究(Wu et al.,2017;梅强 等,2018;Cheng et al.,2019)已经出现。然而，仅依靠船舶交通密度的高低并不能准确发现海上交通热点区域(Zhang et al.,2019)。对于基于地理格网的船舶航行密度图像，若某一网格内的船舶航行密度较高，而相邻网格内的船舶航行密度较低，仅依靠船舶交通密度就会将此网格判定为热点区域。实际上，热点区域应具有集聚效应，只有高密度网格在空间上呈现聚类分布时才是真正的热点区域。因此，根据船舶交通密度分析海上交通热点区域时，还需考虑空间集聚特征。Getis-Ord Gi* 空间分析模型(Ord et al.,1995)可以定量探测研究对象在局部空间的热点和冷点分布，发现具有显著统计意义的热点区域和冷点区域。基于 Getis-Ord Gi* 空间分析模型对船舶航行密度图进行热点探测，发现海上交通热点。对每个网格内的船舶航行密度进行

Getis-Ord Gi* 统计，当 Gi* 值为正值且数值越高时，表明海上交通热点区域的聚集越强。当 Gi* 值为负值且数值越低时，表明海上交通冷点区域的聚集越强。对于网格 $grid_i$，其航行密度的 Gi* 值计算公式如下：

$$Gi^* = \frac{\sum_{j=1}^{n} w_{ij} \text{TrafficDensity}_j - \bar{X} \sum_{j=1}^{n} w_{ij}}{S \sqrt{\frac{\left[n \sum_{j=1}^{n} w_{ij}^2 - (\sum_{j=1}^{n} w_{ij})^2\right]}{n-1}}} \quad (4-11)$$

式中，Gi* 为网格 $grid_i$ 航行密度的 Gi* 值。w_{ij} 是网格 $grid_i$ 与网格 $grid_j$ 之间的空间权重，用两者之间空间距离的倒数来表示；TrafficDensity_j 为网格 $grid_j$ 的船舶航行密度；n 为研究区内网格的总数量；$\bar{X}$ 与 S 为系数，其计算公式分别如下：

$$\bar{X} = \frac{\sum_{j=1}^{n} \text{TrafficDensity}_j}{n} \quad (4-12)$$

$$S = \sqrt{\frac{\sum_{j=1}^{n} \text{TrafficDensity}_j^2}{n} - (\bar{X})^2} \quad (4-13)$$

4.3 基于"Stop-Waypoint"模型与图论理论的船舶航线提取方法

船舶航线，又称船舶航道、船舶主航线等，是船舶在港口之间从事货物运输或旅客运输的习惯性航线（王加胜，2014）。船舶轨迹是指单艘船舶航行的具体路线，是一种个体行为；船舶航线是多数船舶共同遵循的航行路线，是一种群体行为，是由人们综合燃油效率、水文特征、海上保护区政策、安全威胁等因素规划的船舶最佳航行路线。提取船舶航线本质上属于船舶活动群体模式挖掘，即从大量船舶个体组成的群体中提取共同的活动行为模式。提取船舶航线有助于发现船舶交通模式，揭示船舶航行规律，保障航行安全。现有船舶航线提取方法在 1.2.3 小节已做详细归纳，这里不再赘述。由于现有船舶航线提取方法在大范围海域的适应性、方法复杂性以及与真实船舶航线的符合性方面还有提升的空间，因此本节在"Stop-Waypoint"船舶行程轨迹抽象模型的基础上，结合图论理论，将船舶航线看作航线点以及它们之间的连线组成，以海运交通图的形式实现船舶航线的准确提取和低维表征，其算法流程如图 4-7 所示。

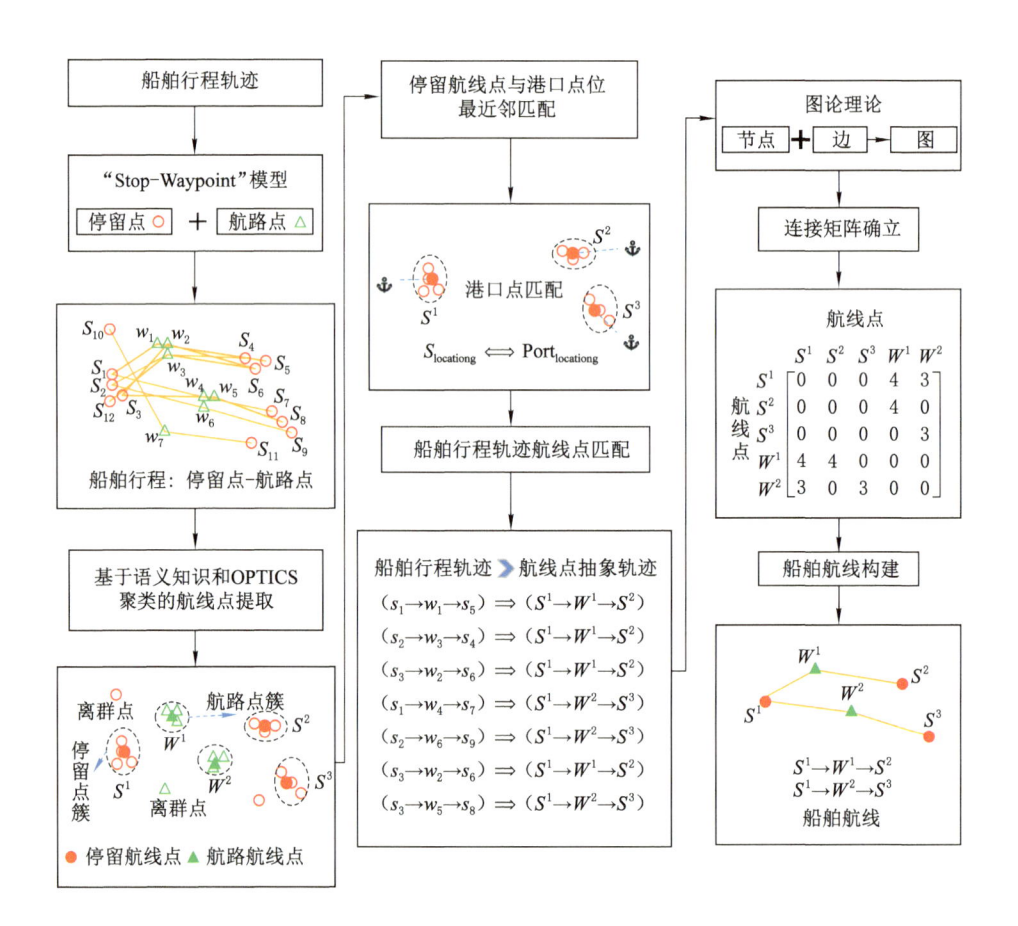

图 4-7 基于"Stop-Waypoint"模型与图论理论的船舶航线提取方法流程

4.3.1 航线点聚类提取

航线点定义为组成船舶航线的特征点,根据语义可将航线点分成两类:停留航线点和航路航线点。停留航线点是船舶航线的起讫点,由于船舶航线是港口之间的运输线路,故停留航线点即为港口点位。首先对船舶行程轨迹的停留点进行聚类提取,以停留点簇的中心点作为停留航线点,然后将停留航线点与港口点位进行最近邻匹配,赋予停留航线点匹配的港口信息,从而以港口点位表征最终的停留航线点。航路航线点是船舶航线移动的特征点,由船舶行程轨迹的航路点聚类得到,以航路点簇的中心点作为航路航线点。本节利用 OPTICS(ordering points to identify the clustering structure)算法分别对船舶行程轨迹的停留点和航路点进行聚类。

OPTICS 算法是一种基于密度的聚类算法,能够解决输入参数的敏感性问题,是 DBSCAN 算法的有效扩展。OPTICS 算法的原理如图 4-8 所示。对于给定的数据点集合 $P,p_i \in P=(p_1,p_2,\cdots,p_n)$,在邻域半径 ε 和最小点数量阈值 minPts 下,如果 p_i 点的 ε 邻域所有邻居节点的数量大于 minPts,则称 p_i 为核心点。在 p_i 点的 ε 邻域内,使 p_i 点成为核心点的最小邻域半径 ε_{min} 称为 p_i 点的核心距离,记作:

$$\text{coredist}(p_i) = \begin{cases} \text{UNDEFINED}, & \text{if } |N_\varepsilon(p_i)| < \text{minPts} \\ \text{dist}(p_i, N_{\varepsilon_{min}}^{\text{minPts}}(p_i)), & \text{otherwise} \end{cases} \quad (4-14)$$

式中,$\text{coredist}(p_i)$ 表示 p_i 点的核心距离,且 $\text{coredist}(p_i) \leqslant \varepsilon$。$N_\varepsilon(p_i)$ 为 p_i 点的 ε 邻域内所有邻居节点的集合,$|N_\varepsilon(p_i)|$ 为该集合中包含的邻居节点的数量。$N_{\varepsilon_{min}}^{\text{minPts}}(p_i) \in N_\varepsilon(p_i)$,且满足以下条件:$N_{\varepsilon_{min}}^{\text{minPts}}(p_i)$ 点与 p_i 点之间的距离等于使 p_i 点成为核心点的最小邻域半径 ε_{min},p_i 点的 ε_{min} 邻域内包含点的数量刚好是 minPts。dist() 为距离计算函数。

对于任意的两点 $p_i,p_j \in P$,p_j 点关于 p_i 点的可达距离是 p_i 点的核心距离与 $\text{dist}(p_i,p_j)$ 之间的较大值,记为:

$$\text{reachdist}(p_j,p_i) = \begin{cases} \text{UNDEFINED}, & \text{if } |N_\varepsilon(p_i)| < \text{minPts} \\ \max(\text{coredist}(p_i), \text{dist}(p_i,p_j)), & \text{otherwise} \end{cases}$$

$$(4-15)$$

式中,$\text{reachdist}(p_j,p_i)$ 为 p_j 点与 p_i 点之间的可达距离;max() 为取最大值函数。

在图 4-8 中,对于给定的参数 ε 和 minPts=4,p_4 点是使得 p_1 点成为核

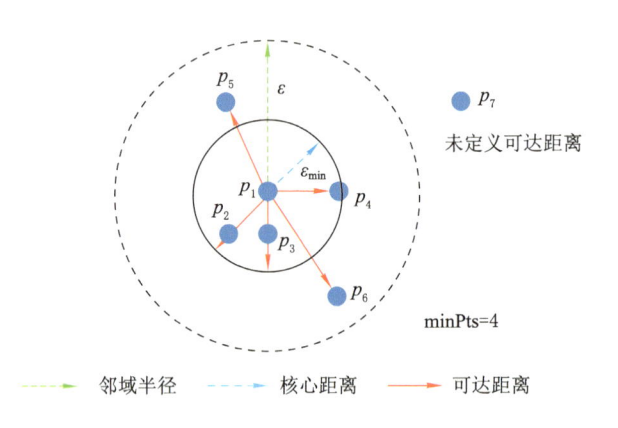

图 4-8 OPTICS算法原理(Yan et al.,2020b)

心点的最近邻点,且以 p_4 点与 p_1 点之间的距离作为最小邻域半径刚好满足点数阈值 minPts,故 ε_{min} 为 p_1 点的核心距离。对于 p_1 点 ε_{min} 邻域内的邻居节点,与 p_1 点的可达距离均为 p_1 点的核心距离;对于 p_1 点 $\varepsilon_{min} < \varepsilon' < \varepsilon$ 邻域内的邻居节点,与 p_1 点的可达距离均为与 p_1 点之间的实际距离。

基于 OPTICS 算法对船舶行程轨迹中的停留点和航路点分语义进行聚类,得到停留点簇和航路点簇,并将每个聚类点簇用特征点表征,即点簇的中心点作为航线点,其中停留点簇的特征点记为停留航线点,航线点簇的特征点记为航线特征点。然后对停留航线点进行港口点位匹配,使得停留航线点具有真正的地理情景语义,从而确保提取后的船舶航线的起讫点为港口,使船舶航线具有实际意义,且与真实的航线相符。至此,完成航线点的提取。

4.3.2 基于图论理论的船舶航线构建

基于图论理论(Bondy et al.,1976),将船舶航线看作航线点之间的连通图,航线点作为节点,航线点之间的连线作为边,构成海上交通图,以此表征船舶航线。建立海上交通图的关键在于确定航线点之间的连接矩阵,通过将船舶行程轨迹与航线点进行匹配实现连接矩阵的确定。对于任意船舶行程轨迹 $\mathrm{Route}_{vessel} = (s_{orig}, w_1, w_2, \cdots, w_n, s_{dest})$,$s$ 和 w 分别为停留点和航路点,经过 4.3.1 小节所述的航线点提取,可将船舶行程轨迹的每个特征点(停留点和航路点)映射至航线点,如停留点 s_{orig} 位于停留航线点 S_1 所在的点簇中,航路点 w_1 位于航路航线点 W_1 所在的点簇中,船舶行程轨迹 Route_{vessel} 经过航线点匹配后可表示为$\text{Route}'_{\text{vessel}} = (S_1, W_1, W_2, \cdots, W_n, S_2)$，$S$ 和 W 分别为停留航线点和航路航线点。基于航线点匹配后的船舶行程轨迹建立连接矩阵，即：

$$\boldsymbol{G} = N \times N = \begin{bmatrix} 0 & e_{1,2} & \cdots & e_{1,n-1} & e_{1,n} \\ e_{2,1} & 0 & \cdots & e_{2,n-1} & e_{2,n} \\ \vdots & \vdots & \ddots & \vdots & \vdots \\ e_{n-1,1} & e_{n-1,2} & \cdots & 0 & e_{n-1,n} \\ e_{n,1} & e_{n,2} & \cdots & e_{n,n-1} & 0 \end{bmatrix} \quad (4\text{-}16)$$

式中　G——构成船舶航线的连接矩阵；

N——航线点集合，包括停留航线点和航路航线点；

n——航线点数量；

$e_{i,j}$——航线点 i 与航线点 j 之间的连接关系。

$e_{i,j}=0$ 时，表明航线点 i 与航线点 j 之间无连接关系；$e_{i,j}>0$ 时，表明航线点 i 与航线点 j 之间有连接关系，且 $e_{i,j}$ 的数值为航线点 i 与航线点 j 之间船舶行程轨迹的数量。基于连接矩阵确立航线点之间的连接关系完成船舶交通图的构建，从而实现船舶航线的提取。

4.4　南海丝路典型商船轨迹分析

4.4.1　商船轨迹时空分布特征与分析

基于 4.1 节的"停留-移动"船舶轨迹抽象模型和 4.2 节的船舶交通流特征分析方法对南海丝路区域典型商船的海上交通时空分布特征进行分析。实验数据为 2017 年南海丝路区域集装箱船、散货船和油轮三种典型商船的 AIS 数据。基于船舶行程轨迹划分方法生成 2017 年南海丝路区域集装箱船轨迹 121 214 条、散货船轨迹 145 450 条、油轮轨迹 251 929 条。

三种商船轨迹的空间分布如图 4-9 所示。可以看出，南海丝路区域进行着频繁的商船活动，商船轨迹密集航行于地中海、红海、波斯湾、阿拉伯海、孟加拉湾、南海、中国东部沿海等海域。南海丝路区域的三种商船轨迹中，油轮轨迹数量约是集装箱船和散货船轨迹数量的总和。进一步分析可知，商船活动具有较强的时间变化规律。南海丝路区域内三种商船活动的月变化规律表现出一致性，即 3—6 月是商船活动的高峰期，7—9 月以及 2 月是商船活动的低峰期[图 4-9(d)]。

为了更好反映船舶活动的分布特征，基于船舶航行密度进行南海丝路区

（a）2017年集装箱船轨迹分布

（b）2017年散货船轨迹分布

图 4-9　2017 年南海丝路典型商船航行轨迹空间分布及数量统计

(c) 2017年油轮轨迹分布

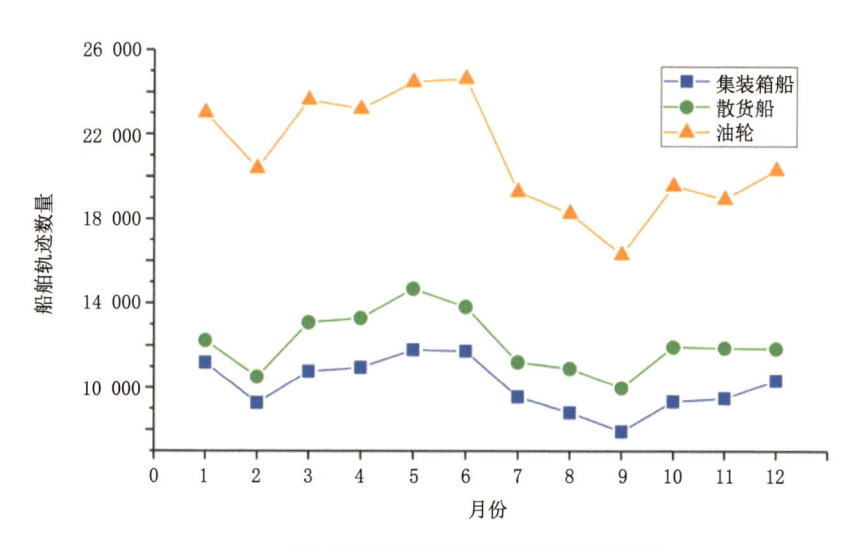

(d) 2017年南海丝路区域商船轨迹数量统计

图 4-9 (续)

域商船主要运输路线的分析。将研究区海域以 0.5°×0.5°的格网单元进行划分,共获得 14 004 个网格。然后,基于航行密度指标生成船舶交通密度图。南海丝路区域三种商船 2017 年的船舶交通密度图如图 4-10 所示。船舶交通密度图像可以显示船舶航行中的主要交通路线,对于南海丝路区域的商船而言,三种商船的主要运输路线如下:

① 集装箱船主要运输路线:霍尔木兹海峡经曼德海峡、苏伊士运河、地中海至欧洲的路线,科伦坡经曼德海峡、苏伊士运河、地中海至欧洲的路线,科伦坡至马六甲海峡的路线,马六甲海峡至泰国的路线,马六甲海峡至香港的路线,香港至中国东部沿海的路线,香港至日本的路线,蒙巴萨至科伦坡的路线等。

② 散货船主要运输路线:印度经曼德海峡、苏伊士运河、地中海至欧洲的路线,科伦坡至马六甲海峡的路线,马六甲海峡至中国东部沿海的路线,香港至中国东部沿海的路线等。

③ 油轮主要运输路线:霍尔木兹海峡经曼德海峡、苏伊士运河、地中海至欧洲的路线,霍尔木兹海峡至科伦坡的路线,霍尔木兹海峡至印度的路线,霍尔木兹海峡至蒙巴萨的路线,科伦坡至马六甲海峡的路线,马六甲海峡至泰国的路线,马六甲海峡至中国东部沿海的路线,马六甲海峡至日本的路线等。

通过比较三种商船的船舶交通密度可知,霍尔木兹海峡、曼德海峡、马六甲海峡、中国沿海、日本沿海、印度沿海等是南海丝路区域商船活动最为密集的区域。其中,马六甲海峡发挥着关键的枢纽作用,南海丝路区域商船的多条运输路线在此交汇。途经马六甲海峡的运输路线是东亚、东南亚与南亚、中东、非洲和欧洲进行海运商品贸易最主要的通道,保障马六甲海峡运输通道的安全畅通是保证南海丝路区域海运贸易正常进行的基础。同时也可以看出,三种商船活动的运输路线存在差异。马六甲海峡至香港港的运输路线主要进行集装箱贸易,对于干散货贸易和石油贸易而言,更倾向于马六甲海峡-台湾海峡-中国东部沿海的运输路线和马六甲海峡-吕宋海峡-日本的运输路线。这主要是由于区域腹地经济组成差异导致其参与海运商品贸易的类型不同。

为了定量检测商船活动的热点区域,在船舶交通密度图的基础上,利用 4.2.2 小节提出的海上交通热点探测方法定量识别南海丝路区域商船活动的热点区域,其结果如图 4-11 所示。南海丝路区域商船活动的热点区域为马六甲海峡经南海至东亚三国(中国、韩国、日本)的运输航线区域、霍尔木兹海峡、曼德海峡、苏伊士运河、土耳其海峡、巽他海峡、坎德拉港(印度)附近区域、科伦坡港(斯里兰卡)附近区域、吉达港(沙特阿拉伯)附近区域以及林查班港(泰国)附近区域[图 4-11(a)]。图 4-11(b)~(d)分别反映了集装箱船、散货船和

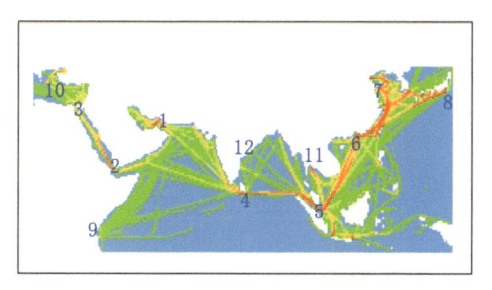

(a) 2017年集装箱船交通密度

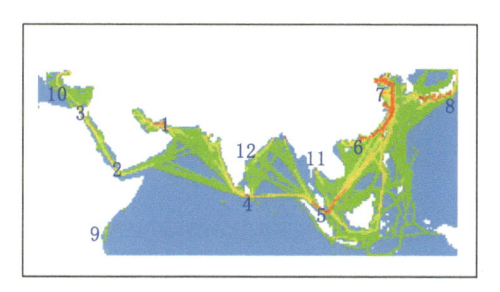

(b) 2017年散货船交通密度

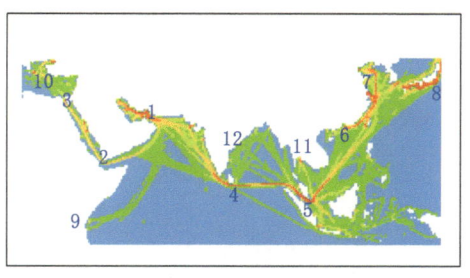

(c) 2017年油轮交通密度

船舶交通密度 $f/(km^2 \cdot a)$	关键地点	
<0.01	1—霍尔木兹海峡	7—中国东部沿海
0.1	2—曼德海峡	8—日本
0.2	3—苏伊士运河	9—蒙巴萨
0.5	4—科伦坡	10—地中海
1	5—马六甲海峡	11—泰国
>1	6—香港	12—印度

图 4-10 2017 年南海丝路典型商船交通密度空间分布

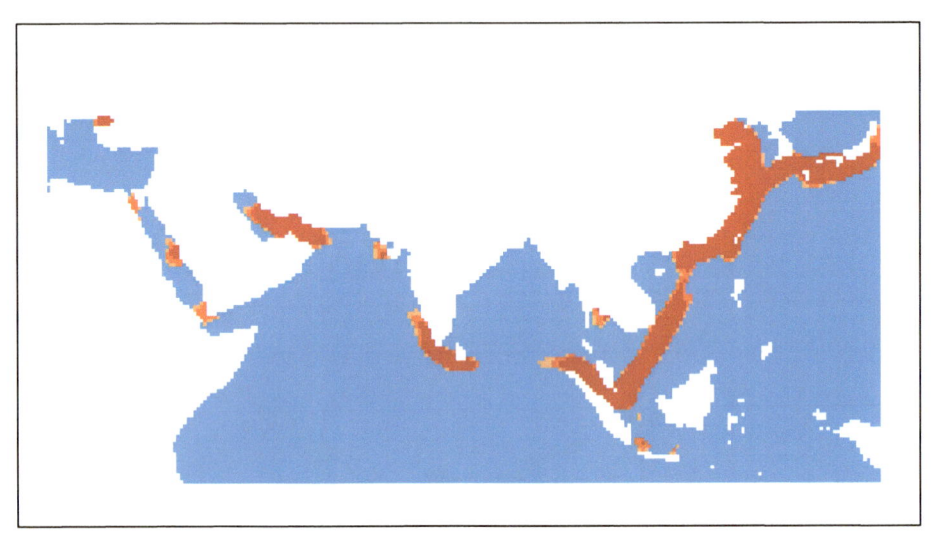

(a）南海丝路商船活动热点探测

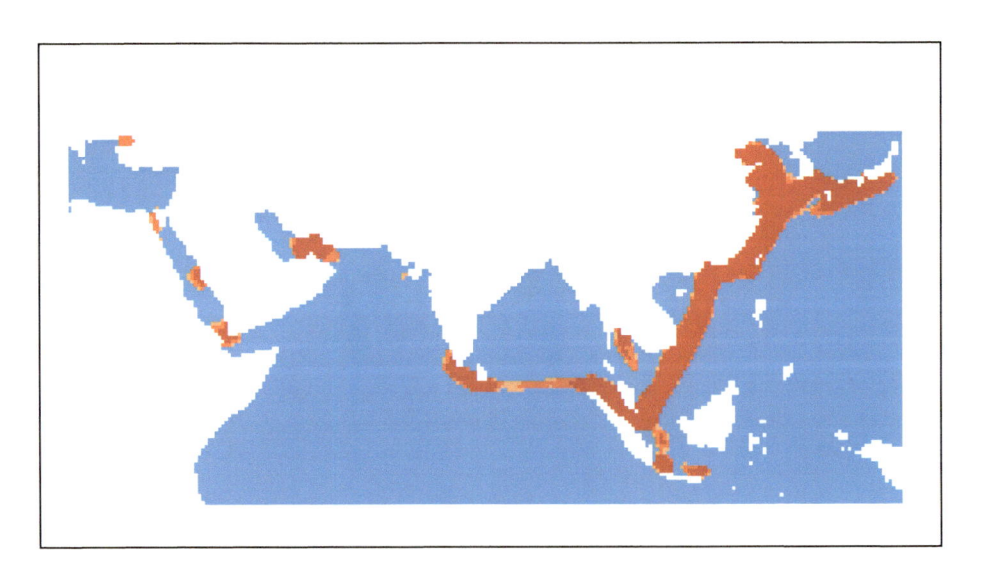

(b）南海丝路集装箱船活动热点探测

图 4-11　南海丝路区域商船活动热点探测

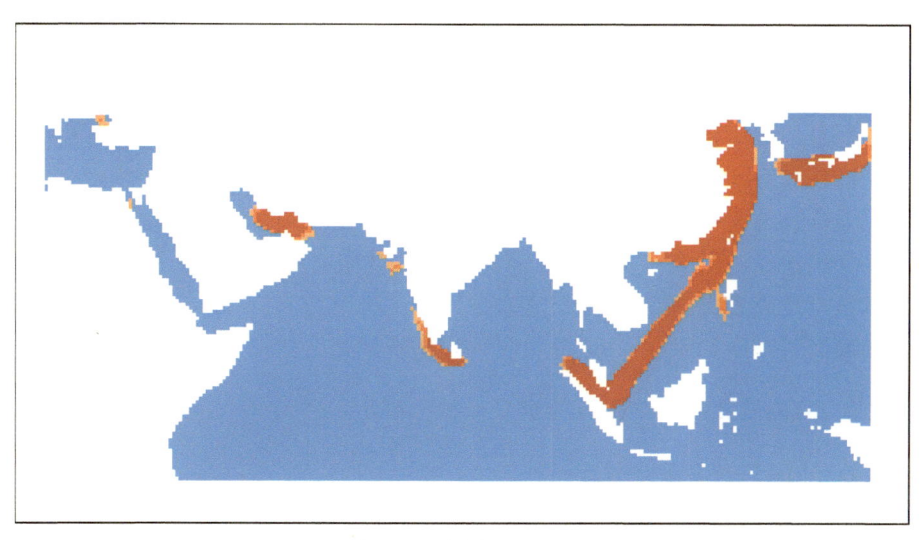

(c）南海丝路散货船活动热点探测

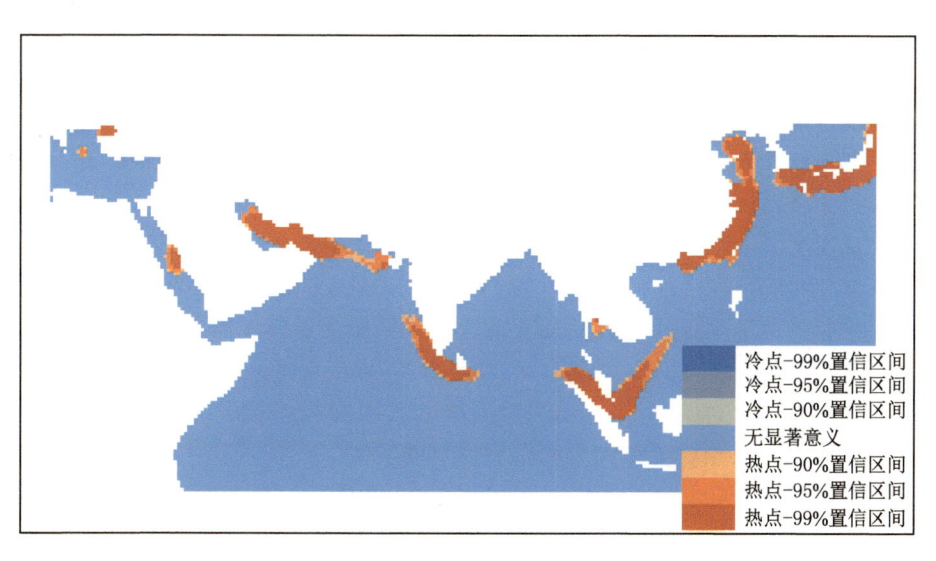

(d）南海丝路油轮活动热点探测

图 4-11 （续）

油轮活动的热点区域。通过对比图 4-11(b)～(d)，可以得到三种商船活动热点的差异性。对于运输路线而言，马六甲海峡至香港港的运输路线是集装箱船活动的热点路线，但不是散货船和油轮活动的热点路线的发现再次被证实。此外，霍尔木兹海峡至坎德拉港的运输路线是油轮活动的热点路线，尽管坎德拉港也是集装箱船和散货船活动的热点区域，但该路线主要进行石油贸易。对于港口或海峡而言，吉达港（沙特阿拉伯）主要参与集装箱贸易和油轮贸易、孟买港（印度）主要参与干散货贸易、巽他海峡主要参与集装箱贸易，再次说明了区域腹地经济组成影响其海运商品贸易的类型。此外，南海丝路区域商船活动没有显著意义的冷点区域，主要原因是船舶航行具有无约束性，没有形成低船舶交通密度的聚集区，同时也反映出南海丝路区域商船活动频繁。

4.4.2 商船航线提取结果与分析

4.4.2.1 南海丝路商船航线提取

基于本书方法对南海丝路区域典型商船轨迹进行船舶航线提取，提取出 460 个船舶航线点，其中 91 个停留航线点、369 个航路航线点。通过构造航线点连接矩阵，生成南海丝路典型商船的船舶航线，结果如图 4-12 所示。可以看出，提取的船舶航线以停留航线点与航路航线点组成的船舶交通图的形式表达，反映了南海丝路区域海运商品贸易的主要船舶航线以及南海丝路区域内商船停靠的主要港口。

船舶航线是船舶活动的群体模式，反映了船舶交通流量大的航线。为了验证所提方法提取的船舶路线是否覆盖了船舶交通高密度区域，将提取航线与船舶交通密度图进行叠加分析。船舶交通密度图基于集装箱船、散货船、油轮三种商船的船舶行程轨迹利用 4.2.1 小节中的方法生成，格网单元为 $0.5°×0.5°$，每个网格值为通过该网格的船舶交通密度。船舶交通密度图与提取的船舶航线叠加显示效果如图 4-13 所示。可以看出，提取的船舶航线与船舶交通高密度区域高度吻合，说明所提方法可以成功从 AIS 数据中提取船舶交通主要的航行路线点以及反映船舶交通高密度区域的航线。

为了进一步验证提取航线结果的可靠性，将提取结果与 CIA 航线进行对比，对比结果如图 4-14 所示。需要说明的是，CIA 航线中的粗细仅表示航线的战略价值。此外，为了更好说明两种航线的异同点，选取三个对比区域进行重点比较，区域 1［图 4-14(b)］为霍尔木兹海峡区域，区域 2［图 4-14(c)］为南海区域，区域 3 为印度洋部分区域。

由图 4-14(a)可以看出，提取航线与 CIA 航线在整体上的空间分布一致

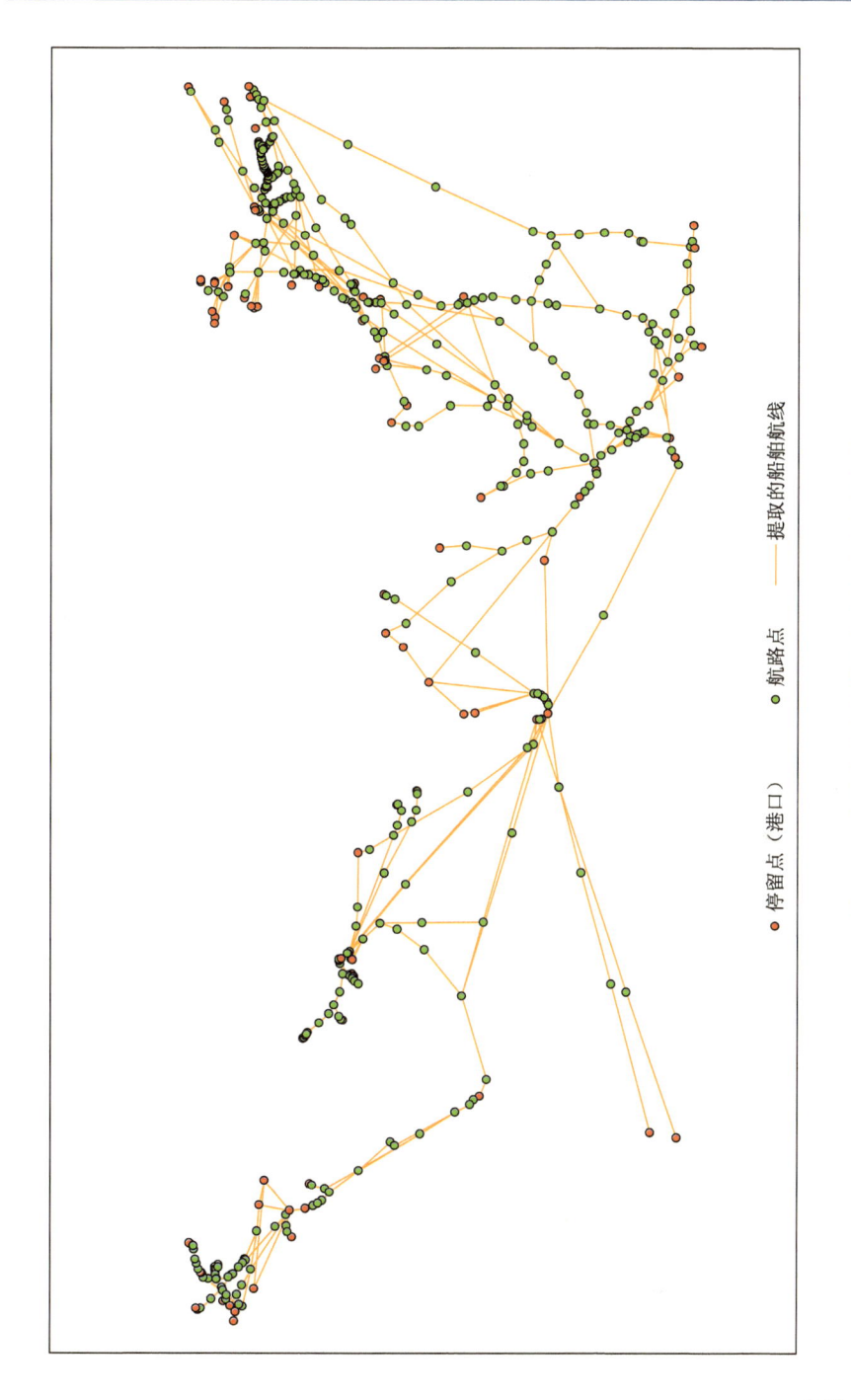

第 4 章 "停留-移动"船舶轨迹抽象模型构建与轨迹分析

图 4-12 基于本书方法提取的南海丝路商船航线

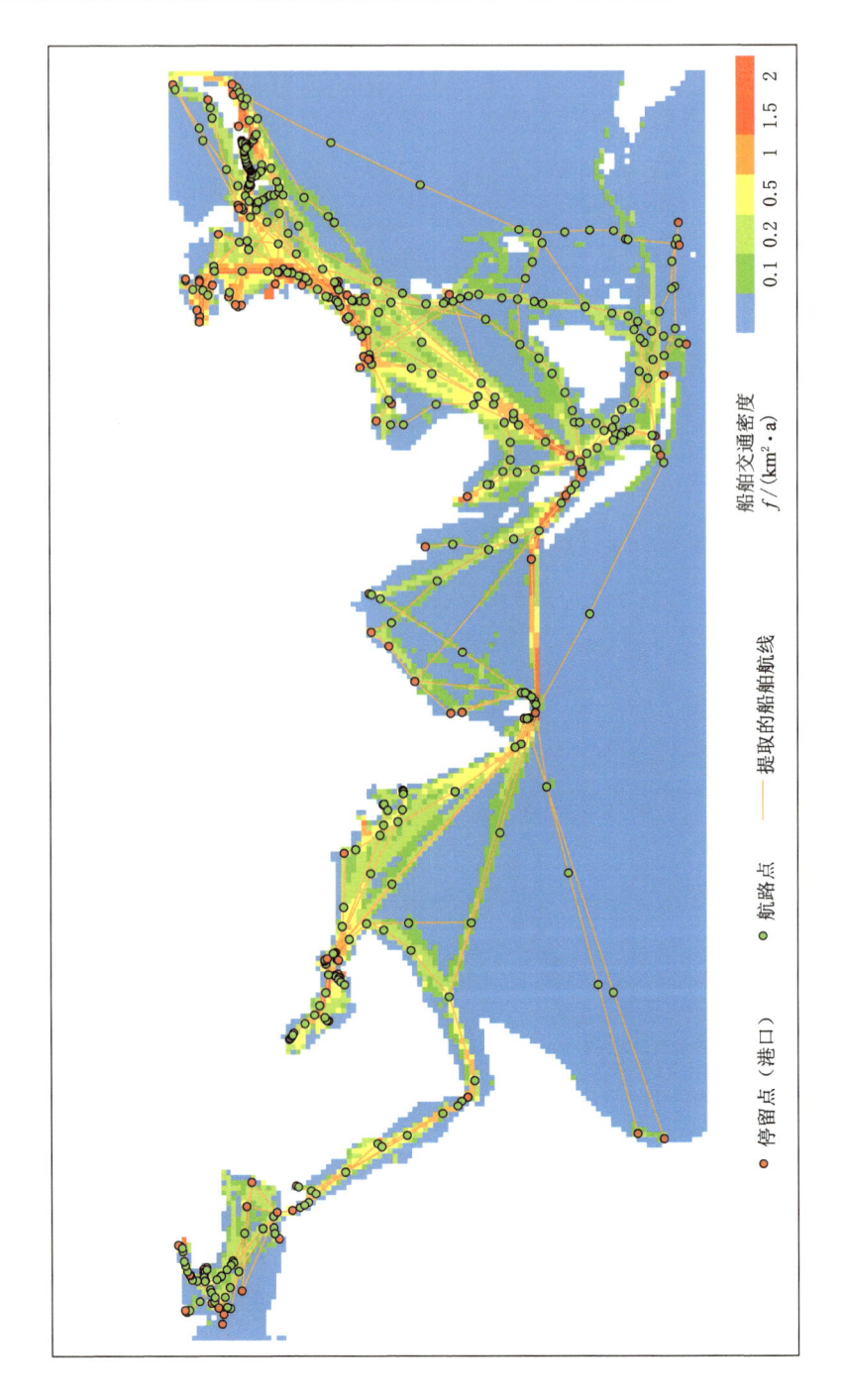

图4-13 提取航线与船舶交通密度叠加显示

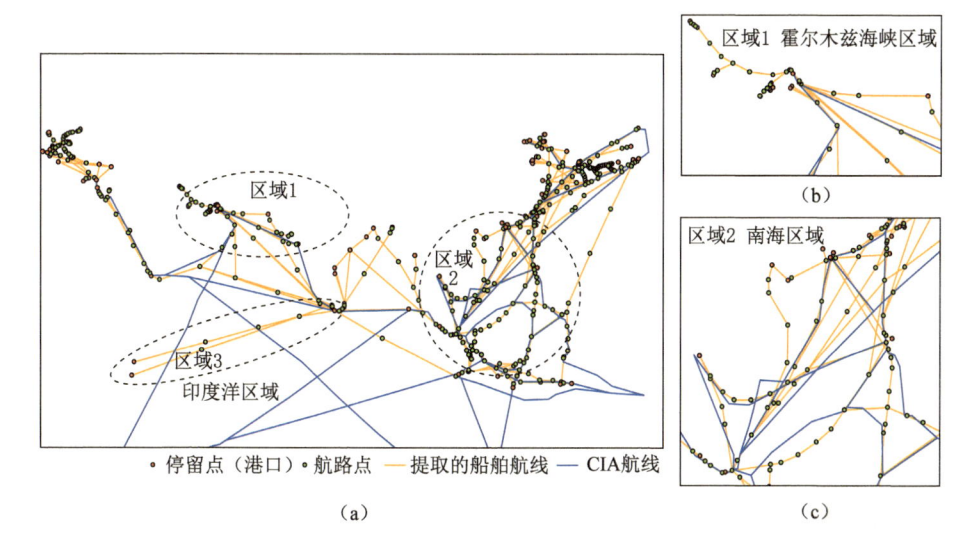

第 4 章 "停留-移动"船舶轨迹抽象模型构建与轨迹分析

图 4-14 提取航线与 CIA 航线对比结果

性较高,两种航线的走向基本相同,但提取航线的数量高于 CIA 航线的数量,因此细节程度相较于 CIA 航线更加丰富。同时可以看出,提取航线包含 CIA 航线中不具有的诸多细节航线,如波斯湾区域内航线、孟加拉湾区域内航线、南海区域的部分航线等,使得提取航线的结构更加完整。下面就三个选取区域详细阐述两种航线的异同:

区域 1 中经过霍尔木兹海峡的两条航线:霍尔木兹海峡-孟买航线和霍尔木兹海峡-红海航线,提取航线和 CIA 航线空间分布基本吻合。另外,提取航线相比于 CIA 航线具有更多细节航线,如波斯湾内部航线、霍尔木兹海峡-卡拉奇航线、霍尔木兹海峡-科伦坡航线等。

区域 2 中经过南海的航线:新加坡-香港(广州)的航线,CIA 航线 1 条,提取航线 2 条,两种航线的空间分布一致性较高;新加坡-吕宋海峡航线,CIA 航线 1 条,提取航线 1 条,CIA 航线与提取航线的空间走向一致;新加坡-马尼拉航线,CIA 航线 1 条,提取航线 1 条,两种航线基本吻合;新加坡-林查班航线,CIA 航线 1 条,提取航线 1 条,两种航线的空间重叠度较高。同时,提取航线包含 CIA 航线中不具有的新加坡-厦门航线、新加坡-高雄航线、新加坡-防城港航线、香港-高雄航线等。

区域 3 中经过印度洋的航线:提取航线中的蒙巴萨-科伦坡航线、达累斯萨拉姆-科伦坡航线都是 CIA 航线中不具有的航线。

综上,提取航线能够反映真实的海运船舶航线,提取航线与 CIA 航线在空间分布上基本一致。相较于 CIA 航线,提取航线的细节更加丰富,结构更加完整。

4.4.2.2 航线提取方法有效性

商船,尤其是大型船舶由于追求燃油的经济性和航线的安全性,其航行中往往遵循特定的航线,这些航线是大多数船舶的普遍选择,相比于其他航线而言具有更高的交通流量。船舶交通航线的提取是理解船舶交通模式的基础,对于航线设计、安全评价等具有重要作用,然而不像道路交通受限于道路约束,具有更大空间灵活性的海上交通使得这项工作充满了挑战。现有研究中的轨迹聚类方法是普遍采用的船舶航线提取方法(Lee et al.,2007;Wang et al.,2014;Zhen et al.,2017;Li et al.,2018a)。同时,基于格网的方法也是一种常用的方法(Vettor et al.,2015;Wu et al.,2017;Cheng et al.,2019)。为了进一步验证所提方法的有效性,将本书方法的提取效果与格网法和聚类法的航线提取结果进行对比,其中格网法提取的船舶航线采用 Cheng 等(2019)基于 $0.5°×0.5°$ 的格网根据船舶轨迹密度提取的印度洋和亚太区域的船舶航线结果,简称 Cheng 方法。聚类法提取的船舶航线采用王加胜(2014)利用聚类方法提取的南海区域的船舶航线结果,简称王方法。不同船舶航线提取方法的对比结果如图 4-15 所示。

对比本书方法与 Cheng 方法在印度洋和亚太区域的航线提取结果[图 4-15(a)和(b)]可知,本书方法提取的航线细节丰富度高于 Cheng 方法的提取结果,反映在印度洋、南海等区域的航线。对比本书方法和王方法在南海区域的航线提取结果[图 4-15(c)和(d)]可知,本书方法提取的航线细节丰富度同样高于王方法的提取结果,反映在新加坡-珠三角(香港港、广州港、深圳港)、新加坡-台湾、新加坡-马尼拉的航线等。另外,本书方法提取的船舶航线为船舶交通特征点(停留航线点和航路航线点)的连线,更加符合真实航道的特征,而 Cheng 方法和王方法不能提供这些海运交通的重要特征信息。

综上可知,与现有方法相比,本书方法提取的船舶航线具有两方面的优势:一是提取的船舶航线具有更大的丰富度。本书方法不仅提取出船舶航线,还识别船舶航行过程中的特征点,即船舶停留航线点和航路航线点,这对于航线设计和航行安全无疑是重要的知识支撑。二是提取的航线更易于分析海运交通网络。由于本书方法提取的航线是点对点的形式,且每条航线都是从港口出发,易于构建海运交通网络,可以实现潜在的运输网络分析,这是现有方法仅提取船舶航线所不能实现的。因此,本书方法可以用于从 AIS 数据中提

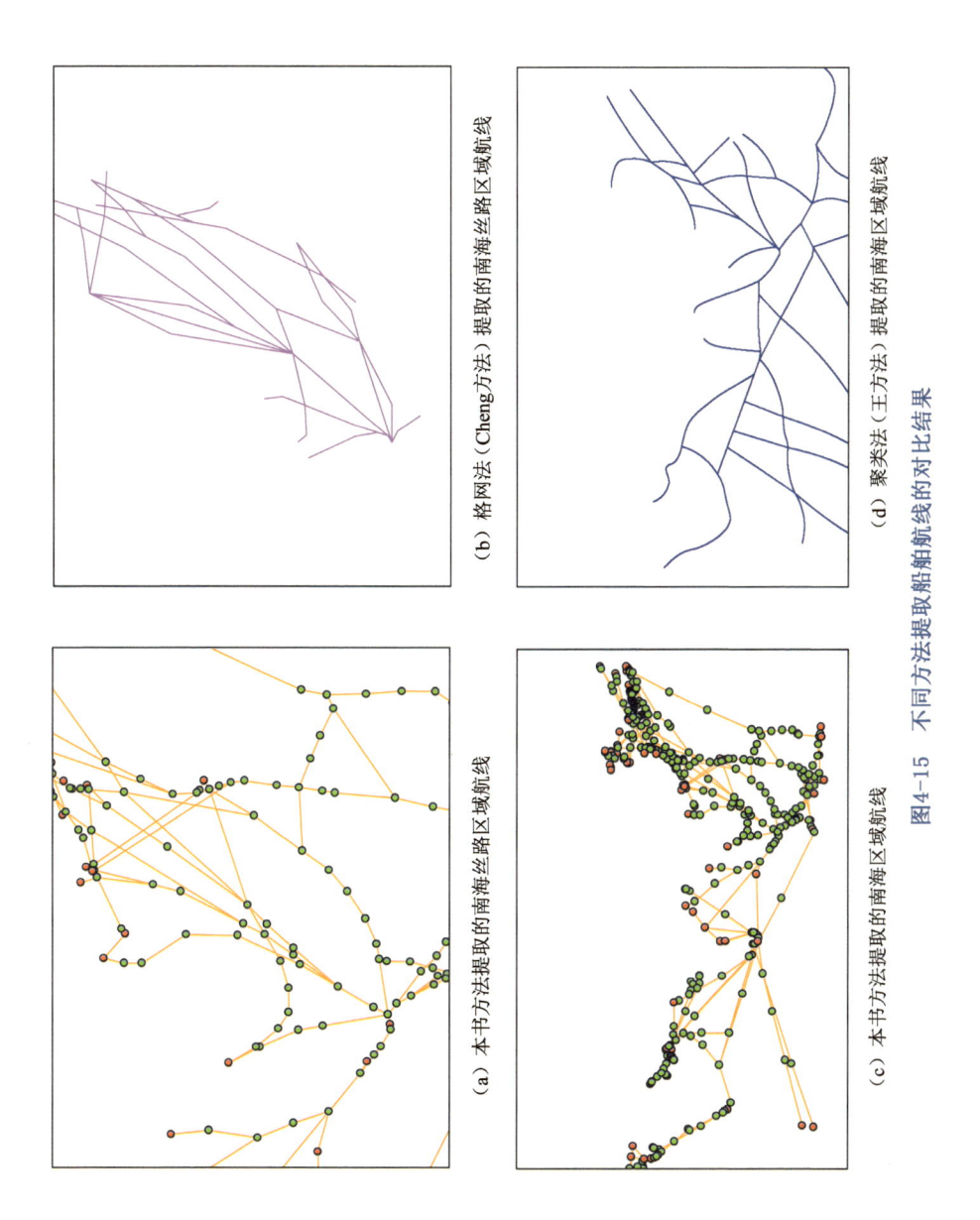

第 4 章 "停留-移动"船舶轨迹抽象模型构建与轨迹分析

(a) 本书方法提取的南海丝路区域航线

(b) 格网法（Cheng方法）提取的南海丝路区域航线

(c) 本书方法提取的南海区域航线

(d) 聚类法（王方法）提取的南海区域航线

图4-15　不同方法提取船舶航线的对比结果

· 111 ·

取船舶航线,并且基于海上交通图的表达方式更易进行海运交通网络分析,说明了本书方法的有效性。

4.5　本章小结

针对仅依靠轨迹数据特征无法实现船舶行程轨迹通用划分不利于轨迹分析与航线提取的问题,在船舶停留点和港口识别的基础上,本章提出一种"停留-移动"船舶轨迹抽象模型构建与轨迹分析方法。该方法构建了船舶轨迹抽象模型,实现了船舶行程轨迹的抽象和通用划分。同时,综合图论理论和船舶轨迹抽象模型,实现了船舶航线的准确提取。

第5章 船舶轨迹载重建模与原油海运贸易分析

资源在地理上分布不均,使得资源的生产和消费之间产生了资源流动,形成了国际贸易(Chen et al.,2018)。海运是国际贸易的主要运输方式,海运贸易量约占世界商品贸易总量的80%。因此,海运贸易是国际贸易中最重要的组成部分,挖掘海运贸易的特征和规律对于了解和揭示全球贸易活动具有重要的现实意义。船舶是海运实现的交通工具,船舶交通流网络是海运贸易最直观的表现(Peng et al.,2019)。海运贸易可以理解为船舶在不同港口间发生地理位移的装卸活动。船舶细粒度的活动轨迹为探索船舶活动的装卸行为提供了基础,从而可以促进海运贸易的研究。现有海运贸易的研究大多基于国家尺度的贸易统计数据(Wang et al.,2016;Jia et al.,2017),时间分辨率也多以月尺度或年尺度为主,基于贸易统计数据可以分析海运贸易的宏观特征,却难以获取港口尺度船舶交通流贸易的特征,这不利于实现细粒度海运贸易的分析。贸易统计数据无法表征船舶在港口之间的运输轨迹,并且港口尺度贸易统计数据的覆盖度较低,因此基于贸易统计数据的研究多是国家尺度的贸易分析,港口尺度的贸易分析或者船舶尺度的贸易分析很难通过贸易统计数据实现。

船舶轨迹数据在海运交通网络应用的研究,已经显示出巨大优势。Kaluza等(2010)利用船舶轨迹数据提取了16 363艘货船的航行轨迹,并在此基础上构建了全球港口拓扑网络,成为船舶轨迹数据用于海运贸易分析的有益尝试。Seoane等(2013)利用AIS数据分析了集装箱海运和非集装箱海运的演变。Peng等(2019)基于AIS数据建立了油轮运输贸易网络,分析了港口尺度的油轮交通流特征。现有研究尽管证明了利用船舶轨迹数据分析海运贸易的可行性,但多停留在基于船舶交通流特征分析海运拓扑网络时空格局的初级阶段,并未探讨船舶行程载重对海运贸易量分析的可行性。由于AIS数据中没有记录船舶轨迹载重信息,且现有文献中鲜有涉及利用 AIS 数据计算船舶轨迹载重的研究,使得利用船舶轨迹载重分析海运贸易量的研究受阻。因此,迫切需要构建一个基于 AIS 数据的海运贸易分析框架,通过建立船舶轨迹载重计算模型实现船舶轨迹载重的计算,从而实现多尺度对象(船舶、港口、国家、区域等)海运贸易量的分析,服务于海运贸易的知识发现和特征提取。

针对尚无完备方法实现船舶轨迹载重计算不利于船舶轨迹应用于海运贸易分析的问题,在前两章船舶停留点和港口识别、船舶轨迹抽象和分析的基础上,本章提出一种船舶轨迹载重建模与海运贸易分析方法。通过船舶活动装卸行为识别和船舶轨迹载重建模实现每一船舶行程轨迹运量的计算,进而实现以具有方向和运量的船舶行程轨迹作为海运贸易分析最小单元的细粒度分析。船舶轨迹载重建模与海运贸易分析方法的技术流程如图 5-1 所示。

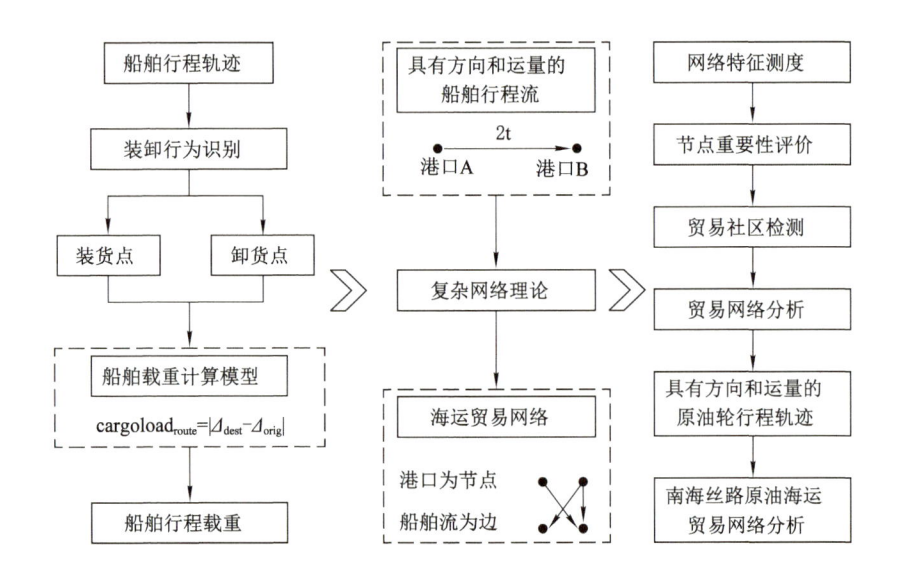

图 5-1 船舶轨迹载重建模与海运贸易分析方法流程图

5.1 顾及装卸行为识别的船舶轨迹载重模型构建

AIS 数据中尽管不包含船舶的载重信息,但记录了船舶的吃水信息。船船舶吃水反映了船本身重量和船上所有货物重量的总和,因此根据船舶吃水的变化可以反映船舶货物载重量的变化。Jia 等(2019)通过研究发现,AIS 数据中船舶吃水的变化与船舶载重量存在强相关性。在每次船舶行程的开始和结束时,船员必须测量船舶的吃水值。船舶吃水变化主要由船舶货物的装卸决定。由于船舶装卸一般发生在港口区域,且发生装卸行为时船舶往往处于静止状态,因此通过挖掘船舶在港口停留状态下的吃水变化可以识别船舶的装卸行为,从而为船舶行程载重的计算提供支撑。本节继承前人利用 AIS 数据中吃水变化信息推算船舶载重量的思想,在识别船舶活动装卸行为的基础上,建立船舶行程载重计算模型,实现船舶行程载重量的计算。基于船舶载重计算模型可以实现船舶每一行程载重量的计算,这大大提高了海运贸易分析的时间和空间分辨率,有助于揭示海运贸易的特征和规律。

5.1.1 船舶装卸行为识别

船舶装卸行为识别的基本思想是通过比较船舶在行程起讫点处的吃水变化,判断船舶是否发生了装卸行为。具体判断如下:若船舶在行程目的地的吃水大于起始地的吃水,认为船舶在目的地处发生了装货行为;若船舶在行程起讫点的吃水没有变化,则船舶在目的地处没有发生装卸;若船舶在行程目的地的吃水小于起始地的吃水,认为船舶在目的地处发生了卸货行为。当船舶行程出现卸货行为时,则认为该行程发生了货物流动,即从行程起始地向行程目的地产生了货物贸易,行程起始地出口了该货物,而行程目的地进口了该货物。基于此,对于给定的船舶行程轨迹$\text{Route}_\text{vessel}$,其行程起讫点分别为$s_\text{orig}$和$s_\text{dest}$,则$\text{Route}_\text{vessel}$的装卸行为的判断如下:

$$\text{payload}(\text{Route}_\text{vessel}) = \begin{cases} 1, & \text{if } s_\text{dest}^\text{draught} - s_\text{orig}^\text{draught} > 0 \\ 0, & \text{if } s_\text{dest}^\text{draught} - s_\text{orig}^\text{draught} = 0 \\ -1, & \text{if } s_\text{dest}^\text{draught} - s_\text{orig}^\text{draught} < 0 \end{cases} \quad (5\text{-}1)$$

式中,$\text{payload}(\text{Route}_\text{vessel})=1$ 时,表明该船舶行程发生了装货行为,具体表现为船舶在目的地 s_dest 装载了货物;$\text{payload}(\text{Route}_\text{vessel})=0$ 时,表明该船舶行程没有发生装卸行为;$\text{payload}(\text{Route}_\text{vessel})=-1$ 时,表明该船舶行程发生了卸货行为,具体表现在船舶在目的地 s_dest 卸载了货物。

5.1.2 船舶轨迹载重计算模型

根据阿基米德原理,船舶在某种装载情况下的总重量等于船舶所受浮力,而船舶所受浮力等于船舶排水量,记为:

$$\Delta = W = \rho \nabla \quad (5\text{-}2)$$

式中 Δ——排水量;

W——船舶总质量;

ρ——水的密度;

∇——船舶在该装载情况下的排水体积,其计算公式如下:

$$\nabla = LBdC_b \quad (5\text{-}3)$$

式中 L——船舶长度;

B——船舶宽度;

d——船舶吃水;

C_b——船舶方形系数。

将式(5-3)代入式(5-2),可得:

$$\Delta = \rho LBdC_b \quad (5\text{-}4)$$

船舶行程载重为船舶在行程目的地的排水量与船舶在起始地的排水量之差,即:

$$\text{cargoload}_{\text{route}_i} = |\Delta_{\text{dest}} - \Delta_{\text{orig}}| \quad (5\text{-}5)$$

式中 $\text{cargoload}_{\text{route}_i}$——船舶行程$\text{route}_i$的货物载重量;

Δ_{orig}与Δ_{dest}——船舶在行程route_i起讫点的排水量。

$\Delta_{\text{dest}} - \Delta_{\text{orig}} > 0$时,对应了船舶的装货行为,其值为船舶在行程目的地的装货量;$\Delta_{\text{dest}} - \Delta_{\text{orig}} < 0$时,对应了船舶的卸货行为,其值为船舶在行程目的地的卸货量。

由式(5-4)可知,船舶排水量受海水密度的影响,由于不同海域的海水密度不是恒定值,因此船舶的行程两端位于不同海水密度的海域时,即使没有发生装卸行为,依然会有吃水变化。为了消除海水密度对船舶行程载重计算量的影响,对船舶行程载重进行海水密度修正,即:

$$\widetilde{\text{c\_load}_{\text{route}_i}} = \text{cargoload}_{\text{route}_i} - \delta = \text{cargoload}_{\text{route}_i} - \frac{\rho_{\text{dest}} - \rho_{\text{orig}}}{\rho_{\text{orig}}} \Delta_{\text{orig}} \quad (5\text{-}6)$$

式中 $\widetilde{\text{c\_load}_{\text{route}_i}}$——船舶行程$\text{route}_i$海水密度修正后的船舶货物载重量;

δ——由于不同位置海水密度不同而引起的船舶吃水变化;

ρ_{orig}和ρ_{dest}——船舶在行程route_i起讫点处的海水密度。

海水密度与海水的盐度、温度和压力有关,其计算参考联合国教科文组织(UNESCO)提供的公式。本研究使用的全球海面盐度数据取自美国国家环境信息中心(NCEI),全球海面温度和压力数据取自欧洲中期天气预报中心(ECMWF)。

船舶行程载重已知后,可以轻松获取特定时间范围(日、月、年)内多尺度地理对象(港口、国家或地区)的海运贸易量。以港口原油海运贸易量为例,港口 p 在给定时间段 time 的原油海运贸易量可表示为:

$$\begin{cases} \text{oil}_{V_{p_{\text{export}}}^{\text{time}}} = \sum_{i=1}^{m} \text{cargoload}(\text{oiltanke } r_{\text{route } i}^{\overrightarrow{p}}) \\ \text{oil}_{V_{p_{\text{import}}}^{\text{time}}} = \sum_{j=1}^{n} \text{cargoload}(\text{oiltanke } r_{\text{route } j}^{\overleftarrow{p}}) \end{cases} \quad (5\text{-}7)$$

式中 $\text{oil}_{V_{p_{\text{export}}}^{\text{time}}}$ 与 $\text{oil}_{V_{p_{\text{import}}}^{\text{time}}}$ ——港口 p 在时间段 time 内的原油海运贸易出口量和进口量;

oiltanke $r_{\text{route } i}^{\overrightarrow{p}}$ ——原油轮的第 i 个行程轨迹从港口 p 出发到达 $\overleftarrow{p}$ 港口发生了卸货行为;

cargoload(oiltanke $r_{\text{route } i}^{\overrightarrow{p}}$)——行程oiltanke $r_{\text{route } i}^{\overrightarrow{p}}$ 的原油载重量;

m——时间段 time 内所有从港口 p 出发到达 $\overleftarrow{p}$ 港口卸货的原油轮的行程轨迹数量;

oiltanke $r_{\text{route } j}^{\overleftarrow{p}}$ ——原油轮的第 j 个行程轨迹从 $\overrightarrow{p}$ 港口出发到达港口 p 发生了卸货行为;

cargoload(oiltanke $r_{\text{route } j}^{\overleftarrow{p}}$)——行程oiltanke $r_{\text{route } j}^{\overleftarrow{p}}$ 的原油载重量;

n——时间段 time 内所有从港口 $\overrightarrow{p}$ 出发到达 p 港口卸货的原油轮的行程轨迹数量。

5.2 基于船舶轨迹载重模型的原油海运贸易量分析

5.2.1 原油海运贸易量计算结果

为了验证基于船舶轨迹载重模型计算海运贸易量方法的有效性,以 2017 年全球原油轮轨迹数据为实验数据,利用船舶轨迹载重模型计算了世界前 20 原油进口国和出口国的贸易量,并将计算结果与 JODI 统计数据进行了对比。JODI 数据库是由欧盟统计局、石油输出国组织、国际能源署和其他主要组织发起的能源市场统计合作项目(Adland et al.,2017)。因此,JODI 统计数据在对比实验中作为各国原油贸易量的真值。表 5-1 为基于船舶轨迹载重模型计算的世界前 20 原油进口国和出口国的贸易量与来自 JODI 数据库 2017 年统计数据的对比结果。通过分析本书方法计算的原油进出口贸易量与各国统计数据之间的异同,可以得出以下结论:

表 5-1　基于船舶轨迹载重模型计算的世界前 20 原油进口国和出口国原油进出口贸易量与 JODI 统计数据的对比结果

ID[①]	原油进口国	代码	JODI 统计数据 /kt	本书方法计算结果 /kt	差异/%
1	中国	CN	462 571.351 9	318 419.723 2	−31.16
2	美国	US	390 244.000 0	282 837.832 6	−27.52
3	印度	IN	215 933.000 0	159 799.908 2	−26.00
4	日本	JP	157 876.000 0	167 748.876 1	6.25
5	韩国	KR	150 613.000 0	147 873.537 7	−1.82
6	德国	DE	90 734.000 0	12 652.859 9	−86.05
7	意大利	IT	66 345.000 0	40 993.309 3	−38.21
8	西班牙	ES	65 958.000 0	62 542.595 4	−5.18
9	法国	FR	56 582.000 0	34 612.429 0	−38.83
10	荷兰	NL	54 063.000 0	70 619.220 9	30.62
11	新加坡	SG	48 569.434 0	52 256.580 1	7.59
12	泰国	TH	45 264.956 2	27 554.745 4	−39.13
13	英国	GB	44 259.000 0	33 141.357 7	−25.12
14	加拿大	CA	39 949.000 0	15 196.136 2	−61.96
15	比利时	BE	34 117.000 0	1 786.282 8	−94.76
16	土耳其	TR	25 767.000 0	29 243.319 8	13.49
17	波兰	PL	24 649.000 0	15 367.536 0	−37.65
18	希腊	GR	23 669.000 0	25 585.767 4	8.1
19	瑞典	SE	19 864.000 0	11 643.953 6	−41.38
20	白俄罗斯	BY	18 130.000 0	—	—
	进口总计[②]		2 017 027.742 1	1 509 875.971 1	−25.14

第 5 章　船舶轨迹载重建模与原油海运贸易分析

表 5-1(续)

ID[①]	原油出口国	代码	JODI 统计数据 /kt	本书方法计算结果 /kt	差异/%
1	沙特阿拉伯	SA	347 324.184 0	262 257.743 7	−24.49
2	俄罗斯	RU	250 800.000 0	135 239.882 0	−46.08
3	伊拉克	IQ	186 786.675 6	84 595.921 1	−1.17
4	加拿大	CA	143 272.000 0	18 368.076 3	−87.18
5	阿联酋	AE	115 699.183 8	10 189.279 7	−11.93
6	科威特	KW	101 131.034 5	97 355.117 2	−3.73
7	尼日利亚	NG	86 489.866 7	60 593.011 7	−29.94
8	伊朗	IR	80 507.347 1	115 995.990 9	44.08
9	安哥拉	AO	76 212.145 7	75 426.283 8	−1.03
10	哈萨克斯坦	KZ	67 806.000 0	—	—
11	挪威	NO	67 412.000 0	24 148.135 2	−64.18
12	墨西哥	MX	62 606.000 0	36 125.940 9	−42.3
13	巴西	BR	57 282.172 6	47 034.073 7	−17.89
14	美国	US	55 135.000 0	41 481.188 0	−24.76
15	英国	GB	34 308.000 0	58 447.230 0	70.36
16	阿塞拜疆	AZ	30 482.000 0	—	—
17	阿尔及利亚	DZ	25 435.000 0	20 198.288 6	−20.59
18	卡塔尔	QA	22 651.866 7	15 095.331 9	−33.36
19	厄瓜多尔	EC	19 789.428 6	14 302.478 8	−27.73
20	马来西亚	MY	16 558.000 0	11 101.731 5	−32.95
	出口总计[③]		1 749 399.905 3	1 319 663.706 0	−24.15

注：① 原油进口国和出口国的排序，根据 JODI 统计数据中的原油贸易量。
② 世界前 20 原油进口国的原油进口总量不包括白俄罗斯。
③ 世界前 20 原油出口国的原油出口总量不包括哈萨克斯坦和阿塞拜疆。

① 基于船舶轨迹载重模型计算的原油贸易量一般低于 JODI 统计数据。这是因为 JODI 统计数据中的原油进出口贸易量为该国所有运输方式贸易量

的总和，基于船舶轨迹载重模型只能计算海运方式运输的原油贸易量，而管道运输是部分国家进行原油贸易的重要运输方式，管道运输可能是导致计算结果与统计数据存在差异的主要原因。本书方法计算的原油贸易量与JODI统计数据的决定系数 R^2 值为 0.878 0（图 5-2），说明两者之间存在强相关性，利用本书方法计算的原油贸易量仍然可以用来分析国家间原油贸易的强度和贸易关系。更为重要的是，基于船舶轨迹载重模型可以获取船舶行程轨迹尺度的贸易量，其时间分辨率和空间分辨率是贸易统计数据不能比拟的。

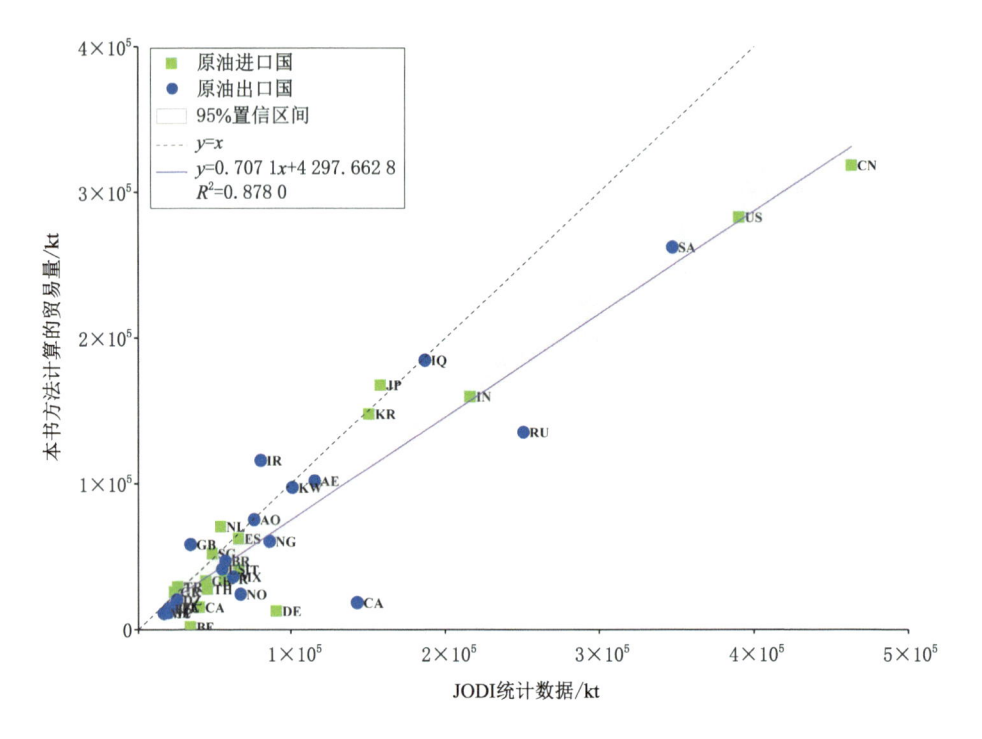

虚线—两者之间的 1∶1 等价；实线—线性回归线；阴影部分—95％置信区间。

图 5-2 本书方法计算的世界前 20 原油进出口国的原油贸易量与 JODI 统计数据的散点图

② 对于只依靠海运进行原油贸易的国家，如日本、韩国，本书方法计算的原油贸易量与 JODI 统计数据十分接近（图 5-2）。对于不通过海运进行原油贸易的国家，如白俄罗斯、哈萨克斯坦和阿塞拜疆，其原油贸易量无法使用船舶轨迹载重模型进行计算。这三个国家的原油贸易主要通过管道运输实现，表明本书方法不能计算内陆国家或仅依靠管道运输进行原油贸易国家的贸易

量,这也是本书算法主要的限制。由于海运贸易量占到世界贸易总量的80%,因此海运贸易量的分析可以反映世界贸易的特征,尤其是大宗商品贸易。

③ 对于既进行海上贸易又拥有输油管道终端的国家而言,基于本书方法计算的原油贸易量相对于 JODI 统计数据被高估了,例如荷兰、土耳其的原油进口量,伊朗、英国的原油出口量(图 5-2)。挪威使用英国的 Teesside(提赛德)港作为其部分北海原油生产的接收港,因此原本属于挪威的贸易量被计算为英国的原油贸易量。哈萨克斯坦通过伊朗的输油管道出口原油,本书方法会将该部分原油计算为伊朗的贸易量,从而导致伊朗的原油出口量被高估。

④ 虽然德国、比利时、加拿大、挪威等国的原油贸易量与 JODI 统计数据有较大差异,但世界前 20 原油进出口国家的原油进出口总量与统计数据之间的差异稳定在 25%这一相对较低的水平(表 5-1)。这表明大部分通过管道进行的原油贸易最终将通过海上运输继续参与全球贸易流动。因此,尽管基于船舶轨迹载重模型计算的原油贸易量在空间上发生了位移,但原油总贸易量相对稳定,说明基于船舶轨迹载重模型分析海运贸易量是可行的。

5.2.2 船舶载重建模方法有效性

基于船舶轨迹载重模型计算的世界前 20 原油进口国和出口国的原油贸易量与 JODI 统计数据之间的对比表明,两者之间存在差异性(表 5-1)。国际原油贸易中最常用的运输方式是海运和管道运输(Peng et al.,2019),但石油管道贸易量不能反映在 AIS 数据中。因此,对于使用输油管道进出口原油的国家来说,基于船舶轨迹载重模型计算的原油贸易量与 JODI 统计数据之间必然存在差异。为了检验这一推论,以 2017 年加拿大和挪威的原油出口贸易量作为验证。2017 年,加拿大通过输油管道每天向美国出口 270 万桶原油(Heyes et al.,2018),换算为 367.2 kt,1 桶约为 0.136 t(Kim et al.,2008)。因此,加拿大 2017 年通过输油管道出口的原油贸易量为 134 028 kt,而加拿大的原油出口量根据 AIS 数据计算为 18 368.076 3 kt(表 5-1),基于船舶轨迹载重模型计算的石油出口量和输油管道出口量之和(152 396 kt)与 JODI 统计数据(143 272 kt)相差 6.37%,而仅使用船舶轨迹载重模型计算的加拿大原油出口量与 JODI 统计数据的差异高达－87.18%(表 5-1)。同样,挪威 2017 年平均每天通过输油管道向英国出口 83 万桶原油(112.88 kt),其 2017 年通过输油管道的年原油出口量为 41 201.2 kt。基于船舶轨迹载重模型计算的挪威原油出口量和输油管道出口量之和(65 349 kt)与 JODI 统计数据

(67 412 kt)基本一致,两者相差-3.06%。这两个实例表明,基于船舶轨迹载重模型计算的原油贸易量与JODI统计数据之间的差异极可能是由输油管道运输造成的。

基于船舶轨迹载重模型计算海运贸易量的方法具有一定的通用性,不仅适用于原油轮海运贸易的分析,也适用于其他类型船舶的海运贸易分析。本章提出的基于船舶轨迹载重模型计算海运贸易量的方法首先识别船舶行程轨迹在起讫点的装卸行为,然后基于船舶行程起讫点船舶吃水的变化根据船舶轨迹载重计算模型计算该行程的货物载重量,因此该方法不受船舶类型的限制。对于任何类型的船舶,该方法都可以计算出船舶每一个行程的货物载重量。需要指出的是,该方法无法精细区分船舶装载货物的类型。基于船舶轨迹载重模型计算海运贸易量的方法根据船舶类型确定船舶装载货物类型,如油轮运输石油类货物、集装箱船运输集装箱货物、散货船运输干散货类货物等。船舶类型可以根据AIS记录中的船舶类型属性来确定。因此,对于运载单一货物的船舶,当确定船型时,其运输的货物类型也随之确定,从而可以对特定的海运商品进行贸易分析。对于运载单一货物的液化石油气运输船、液化天然气运输船等,该方法同样适用于计算这些商品的海运贸易量。对于运载多种货物类型的船舶,如干散货船,该方法只能计算干散货这一大类的海运贸易量,不能确定具体的干散货类型。

5.3 南海丝路原油海运贸易分析

5.3.1 复杂网络视角下的海运贸易网络构建与分析方法

5.3.1.1 复杂网络理论

以互联网为代表的信息技术的发展使得人类社会进入网络时代,"地球村"及"全球化"等概念的提出表明人类社会正越来越成为一个紧密联系的网络。当今社会存在的万维网、通信网络、社交网络、交通网络、贸易网络等无一不表明人类社会处于一个充满复杂性的网络之中(汪小帆 等,2006)。复杂网络理论就是描绘和揭示这些网络系统结构和特征的理论,通过对真实世界各种网络系统的抽象和泛化,实现对网络结构复杂性及其内部联系的理解。

复杂网络的基础是数学中的图论,任意网络都可以抽象成节点和连边组成的图(Amaral et al.,2004)。节点就是该网络中的组成个体,连边为节点之间的连线,表示网络中不同个体之间的连接关系。复杂网络主要有三种网络模型:随机网络模型、小世界网络模型和无标度网络模型(图5-3)。随机网络模型认为,复杂网络中的节点满足二项分布,节点之间的联系由某种概率密度函数决定,并且不同节点具有相同或相似的度。小世界网络模型继承了六度划分思想(Guare,1990),认为在大规模复杂网络中存在小世界现象,即具有小平均路径和高聚类系数的网络。无标度网络模型认为,大多数真实世界的复杂网络具有无标度特性,又称幂律特性,即网络中的大部分节点具有很少的边连接,只有少部分节点具有大量的边连接,网络中边的分布极其不均匀。复杂网络的小世界特征和无标度特征促进了人们对真实世界网络的认知,已广泛应用于通信、电力、交通、社交、贸易等领域,并形成了一个专门的领域——网络科学领域(Barabási,2009;Brandes et al.,2013)。基于此,在复杂网络视角下研究基于船舶行程轨迹的海运贸易网络分析方法,实现对南海丝路区域原油海运贸易网络分析。

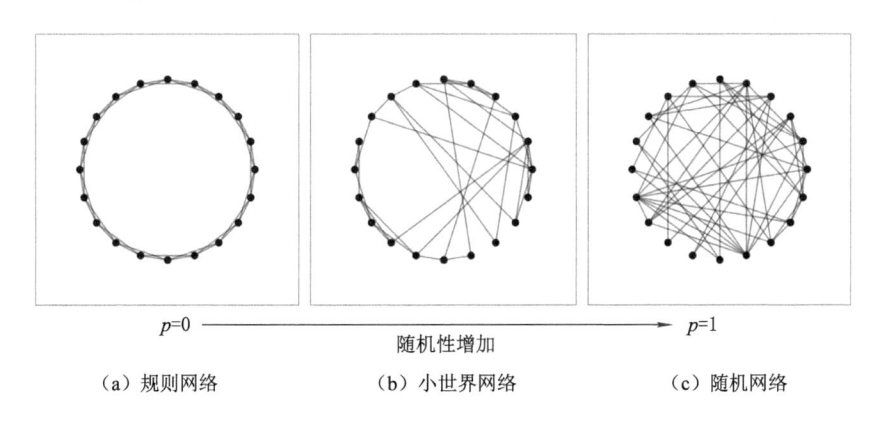

(a) 规则网络　　(b) 小世界网络　　(c) 随机网络

图 5-3　复杂网络的不同网络模型

5.3.1.2　基于船舶行程轨迹的海运贸易网络构建

复杂网络理论中,个体被抽象为网络中的节点,个体之间的相互关系被抽象为网络中的连边(Yang et al.,2015)。以港口贸易网络构建为例,以港口为节点,以港口之间贸易关系为边、以船舶交通流的方向为边的方向、港口之间的货物贸易量为边的权重构建港口海运贸易网络,其构建示意图如图 5-4 所示。港口海运贸易网络的定义为 $G(V,E)$,$V=(v_1,v_2,\cdots,v_n)$ 表示港口节点,$E=(e_{ij})$ 表示港口之间的贸易连边。如果港口 v_i 至港口 v_j 之间存在海运贸易流动,则邻接关系 $e_{ij}=1$,否则 $e_{ij}=0$。基于此,有向无权海运贸易网络的连接矩阵 $\boldsymbol{G}$ 为:

$$\boldsymbol{G} = \begin{bmatrix} 0 & \cdots & e_{1j} & \cdots & e_{1n} \\ \vdots & \vdots & \vdots & \vdots & \vdots \\ e_{i1} & \cdots & e_{ij} & \cdots & e_{in} \\ \vdots & \vdots & \vdots & \vdots & \vdots \\ e_{n1} & \cdots & e_{nj} & \cdots & 0 \end{bmatrix} \quad (5\text{-}8)$$

式中，n是海运贸易网络中港口节点的数量。需要指明的是，$\boldsymbol{G}$并不是对称矩阵，e_{ij}与e_{ji}表示的贸易流向不同，故e_{ij}与e_{ji}并不一定相等。由于不同港口之间的贸易量差异悬殊，无权网络仅能说明不同港口之间的贸易关系，不能衡量不同港口之间贸易量的差异，为了更好地反映港口节点在海运贸易网络中的地位，建立有权网络十分必要。因此，港口之间的货物贸易量作为边的权重，在有向无权海运贸易网络的基础上，进一步构建加权网络。统计港口v_i至港口v_j之间所有往来船舶行程轨迹的货物载重量作为港口海运贸易网络中边e_{ij}的权重，记为w_{ij}，则有向加权海运贸易网络为：

$$\boldsymbol{W} = \begin{bmatrix} 0 & \cdots & w_{1j} & \cdots & w_{1n} \\ \vdots & \vdots & \vdots & \vdots & \vdots \\ w_{i1} & \cdots & w_{ij} & \cdots & w_{in} \\ \vdots & \vdots & \vdots & \vdots & \vdots \\ w_{n1} & \cdots & w_{nj} & \cdots & 0 \end{bmatrix} \quad (5\text{-}9)$$

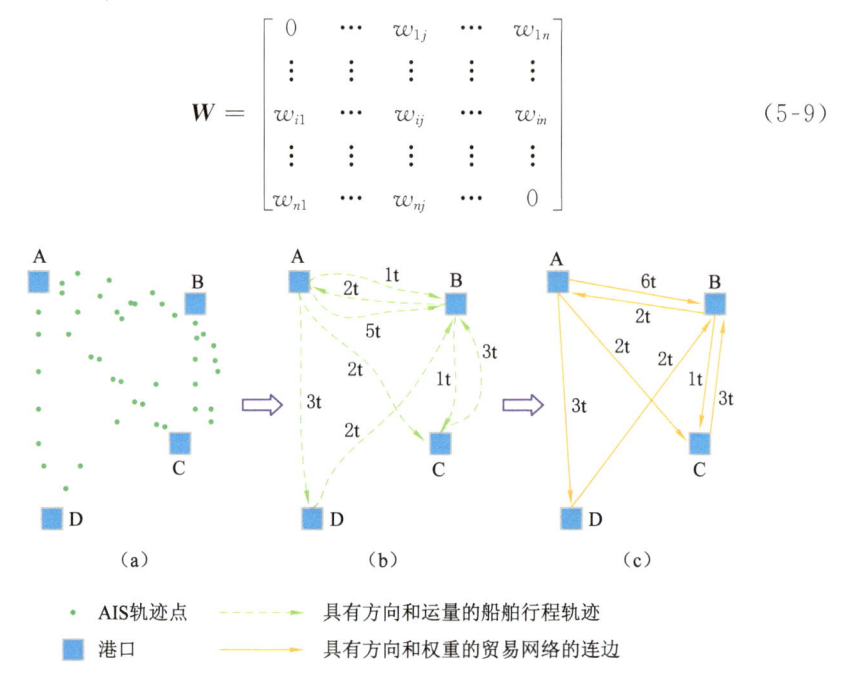

图 5-4 基于船舶行程轨迹的港口为节点的有向加权海运贸易网络构建

5.3.1.3 复杂网络特征测度方法

(1) 网络特征测度指标

贸易网络中,网络节点的度是由具有贸易关系的贸易伙伴数量来衡量的。一般而言,节点的度值越高,说明该节点在网络中的连通性越好,对网络的影响力越大。对于有向网络,节点具有出度和入度之分。节点 i 的出度为网络中与节点 i 存在出口贸易关系的节点的数量,而节点 i 的入度为网络中与节点 i 存在进口贸易关系的节点的数量。节点的出度、入度、网络邻接矩阵以及度的关系为(Yang et al.,2015):

$$k_i^{\text{out}} = \sum_{j=1}^{n} e_{ij}, k_i^{\text{in}} = \sum_{j=1}^{n} e_{ji}, k_i = k_i^{\text{out}} + k_i^{\text{in}} \tag{5-10}$$

式中,k_i^{out} 为节点 i 的出度;k_i^{in} 为节点 i 的入度;k_i 为节点 i 的度;n 是网络中包含节点的数量;e_{ij} 表示节点 i 向节点 j 出口;e_{ji} 表示节点 i 从节点 j 进口。

网络度分布反映了网络中节点连边关系的一致性。假设 $P(k)$ 表示网络上随机选取节点的度值为 k 的概率,则其概率分布函数被称为网络度分布。实证研究中,以频率代替概率,定义 $P(k)$ 为网络中度值为 k 的节点数目占总节点数目的比例(魏秋红 等,2009)。对于随机网络,度分布服从泊松分布,每一条边出现的概率是相等的,大多数节点的度是基本相同的,具有同质性。研究表明,许多真实世界的网络的度分布明显不满足泊松分布(Newman,2003),而是满足幂律形式,即服从幂律分布,$P(k) \propto k^{-\gamma}$,γ 为幂指数(汪小帆 等,2006)。幂律分布也称无标度分布,满足幂律分布的网络称为无标度网络,无标度网络的节点间存在明显的异质性,绝大多数节点具有较低的度,只有少量节点具有较高的度,这些具有较高度值的节点通常称为枢纽节点(Amaral et al.,2004)。

为了更好表达加权网络中节点的度,引入节点度强度指标。度强度是节点度的加权量,节点所连接的网络边贸易量之和称为该节点的度强度,记作:

$$s_i^{\text{out}} = \sum_{j=1}^{n} w_{ij}, s_i^{\text{in}} = \sum_{j=1}^{n} w_{ji}, s_i = s_i^{\text{out}} + s_i^{\text{in}} \tag{5-11}$$

式中 s_i^{out}——节点 i 的出强度;

s_i^{in}——节点 i 的入强度;

s_i——节点 i 的强度;

w_{ij}——节点 i 向节点 j 的出口贸易量;

w_{ji}——节点 i 从节点 j 的进口贸易量。

聚类系数反映了网络中节点之间连接的紧密程度(Newman,2003)。设

有向网络中节点 i 的相邻节点数量为 k_i,则节点 i 的 k_i 个相邻点之间可能存在的连接边数最大为 $k_i(k_i-1)$,如果这 k_i 个相邻点之间实际存在的边数为 E_i,那么它们之间的比值 C_i 就称为节点 i 的聚类系数,而网络上所有节点聚类系数的平均值就是该网络的聚类系数 C,即:

$$\begin{cases} C_i = \dfrac{E_i}{k_i(k_i-1)} \\ C = \dfrac{1}{n}\sum_{i=1}^{n} C_i \end{cases} \quad (5-12)$$

平均路径长度反映了任意两个节点之间的平均转运拓扑距离(Peng et al.,2019)。有向网络中从节点 i 通过连边到达节点 j,沿着同一方向所经过的最短路径的边数为这两个节点之间的路径长度,记作 d_{ij}。从节点 i 到节点 j 之间的距离 d_{ij} 与从节点 j 到节点 i 之间的距离 d_{ji} 是不同的。有向网络的平均路径长度 L 为网络中所有节点对的路径长度的平均值:

$$L = \dfrac{1}{n(n-1)}\sum_{i\neq j} d_{ij} \quad (5-13)$$

小系数是测度小世界网络的指标,可以定量评价网络的小世界性质。小系数的定义为相对于相同大小的随机网络,聚类系数与平均路径长度的比值,即(Humphries et al.,2008):

$$S_c = \dfrac{C/L}{C_R/L_R} \quad (5-14)$$

式中 S_c——网络的小系数,$S_c>1$ 时认为该网络具有小世界性质;

C 和 L——网络的聚类系数和平均路径长度;

C_R 和 L_R——与待求网络相同大小的随机网络的聚类系数和平均路径长度。

为了计算随机网络的 C_R 和 L_R,通过随机网络生成算法(Bolanos et al.,2013)生成 100 个随机网络,然后分别计算这 100 个随机网络的聚类系数和平均路径长度,以这 100 个随机网络的聚类系数和平均路径长度的平均值作为 C_R 和 L_R。

(2) 网络节点重要性测度指标

介数中心性是衡量网络中节点中介桥梁作用的指标。节点 i 的介数中心性 $CB(i)$ 定义为网络中任意两个节点 p 和 q 之间的最短路径中经过节点 i 的次数占比,其计算公式为(Freeman,1977):

$$CB(i) = \sum_{p\neq i\neq q} \dfrac{\sigma_{pq}(i)}{\sigma_{pq}} \quad (5-15)$$

式中　σ_{pq}——网络中节点 p 和 q 之间所有最短路径之和；

$\sigma_{pq}(i)$——σ_{pq} 中的最短路径经过节点 i 的次数。

接近中心性用于衡量网络中节点与其他节点之间的接近程度。如果网络中一个节点可以很容易到达其他节点，那么该节点越接近网络的中心。节点 i 的接近中心性 $CC(i)$ 的计算公式为(Peng et al.，2019)：

$$CC(i) = \frac{n-1}{\sum_{j=1,j\neq i}^{n} d_{ij}} \quad (5\text{-}16)$$

特征向量中心性反映了网络中节点影响力的大小，一个节点的重要性不仅取决于其邻居节点的数量，还取决于其邻居节点的重要性(姜欣，2019)。节点 i 的特征向量中心性 $CE(i)$ 的计算公式为(Negre et al.，2018)：

$$CE(i) = \frac{1}{\lambda}\sum_{j\in G} e_{ij} CE(j) \quad (5\text{-}17)$$

式中　$G=(V,E)$——网络中节点与连边的邻接矩阵；

e_{ij}——G 中的元素，λ 为常数。

为了综合评价节点在网络中的重要性，顾及节点的度、强度、介数中心性、接近中心性和特征向量中心性，提出节点复合重要性指标，其值越大说明该节点在网络中的重要性越高。节点 i 的复合重要性指标 $CI(i)$ 的计算公式如下：

$$CI(i) = \mathrm{nor}\left(\frac{\mathrm{nor}(k_i) + \mathrm{nor}(s_i) + \mathrm{nor}(CB(i)) + \mathrm{nor}(CC(i)) + \mathrm{nor}(CE(i))}{5}\right)$$

$$(5\text{-}18)$$

式中　$\mathrm{nor}()$——标准化函数；

$\mathrm{nor}(k_i)$、$\mathrm{nor}(s_i)$、$\mathrm{nor}(CB(i))$、$\mathrm{nor}(CC(i))$、$\mathrm{nor}(CE(i))$——节点 i 标准化之后的度、强度、介数中心性、接近中心性和特征向量中心性。

对于指标 x，其标准化的计算公式为：

$$\mathrm{nor}(x) = \frac{x - x_{\min}}{x_{\max} - x_{\min}} \quad (5\text{-}19)$$

(3) 贸易社区检测方法

贸易网络的社区关系是指网络内部形成的紧密联系的小团体，同一社区成员之间联系紧密，不同社区成员之间联系稀疏。近年来，计算机、数学、生物、物理、能源等多个领域的学者提出了许多具有理论意义和实用价值的社区检测算法(Palla et al.，2005)，如基于模块度优化的方法、基于随机游走的方法、层次聚类方法、基于图论的方法、谱分析方法等(Girvan et al.，2002；Newman et al.,2004,2006,2012;Yang et al,2015;Zhong et al.,2017)。

同一社区中节点之间的联系比不同社区节点之间的联系更强大、更稳定。虽然可以通过中心测度直观地获取区域邻接模式,但是基于模块度的概念可以更好地量化社区结构。模块度(Newman,2006;Blondel et al.,2008)的定义为社区内部的总边数和网络中总边数的比例减去一个期望值,该期望值是将网络设定为随机网络时同样的社区分配所形成的社区内部的总边数和网络中总边数的比例(张霖,2017;王瑶,2018)。对于一个给定的有向网络,假设找到了某种社区划分 $c=\{c_1,c_2,\cdots,c_n\}$,其中 c_i 为节点 i 所处社区的序号,则模块度 Q 的计算公式为(Blondel et al.,2008):

$$Q = \frac{1}{m}\sum_i\sum_j(w_{ij} - \frac{k_j^{in}k_i^{out}}{m})\delta(c_i,c_j) \tag{5-20}$$

其中,$m = \sum_i^n k_i^{out} = \sum_j^n k_j^{in}$,$\delta(c_i,c_j) = \begin{cases} 1, & c_i = c_j \\ 0, & c_i \neq c_j \end{cases}$,$\delta(c_i,c_j) = 1$ 时,表明节点 i 和节点 j 属于同一社区,反之为不同社区。

5.3.2 南海丝路原油海运贸易网络分析

利用本章提出的船舶轨迹载重建模与海运贸易分析方法对南海丝路区域原油海运贸易网络进行分析。首先根据 5.1 节提出的船舶轨迹载重模型计算每个原油轮行程的运油量,然后根据 5.3 节提出的海运贸易网络构建方法建立南海丝路区域以港口为节点、以港口间的原油贸易关系为边、以原油轮运输的方向为边的方向、以港口间的原油贸易量为边的权重的原油海运贸易网络,最后利用复杂网络分析方法分析其贸易网络特征。

5.3.2.1 南海丝路原油海运贸易网络特征

图 5-5 为南海丝路区域原油海运贸易网络,其网络结构特征见表 5-2。可以看出,2014—2017 年南海丝路区域参与原油海运贸易的港口数量基本保持稳定,但港口之间的贸易联系却逐年增强,2017 年港口之间贸易往来数量相比 2014 年增加了 25%。通过分析南海丝路区域原油海运贸易网络特征可以发现,网络的平均度和平均强度逐渐增加,说明南海丝路区域港口之间的原油海运贸易不断加强,在拓宽贸易伙伴的同时,实现了贸易量的增加。由于南海丝路区域原油海运贸易网络的平均路径长度在 2～3 之间,说明该网络中任意两个港口之间至多通过 3 个中间港口就可实现原油贸易联系,具有小世界性质。此外,由于南海丝路区域原油海运贸易网络的小系数大于 1,也定量证明了该网络具有小世界性质。

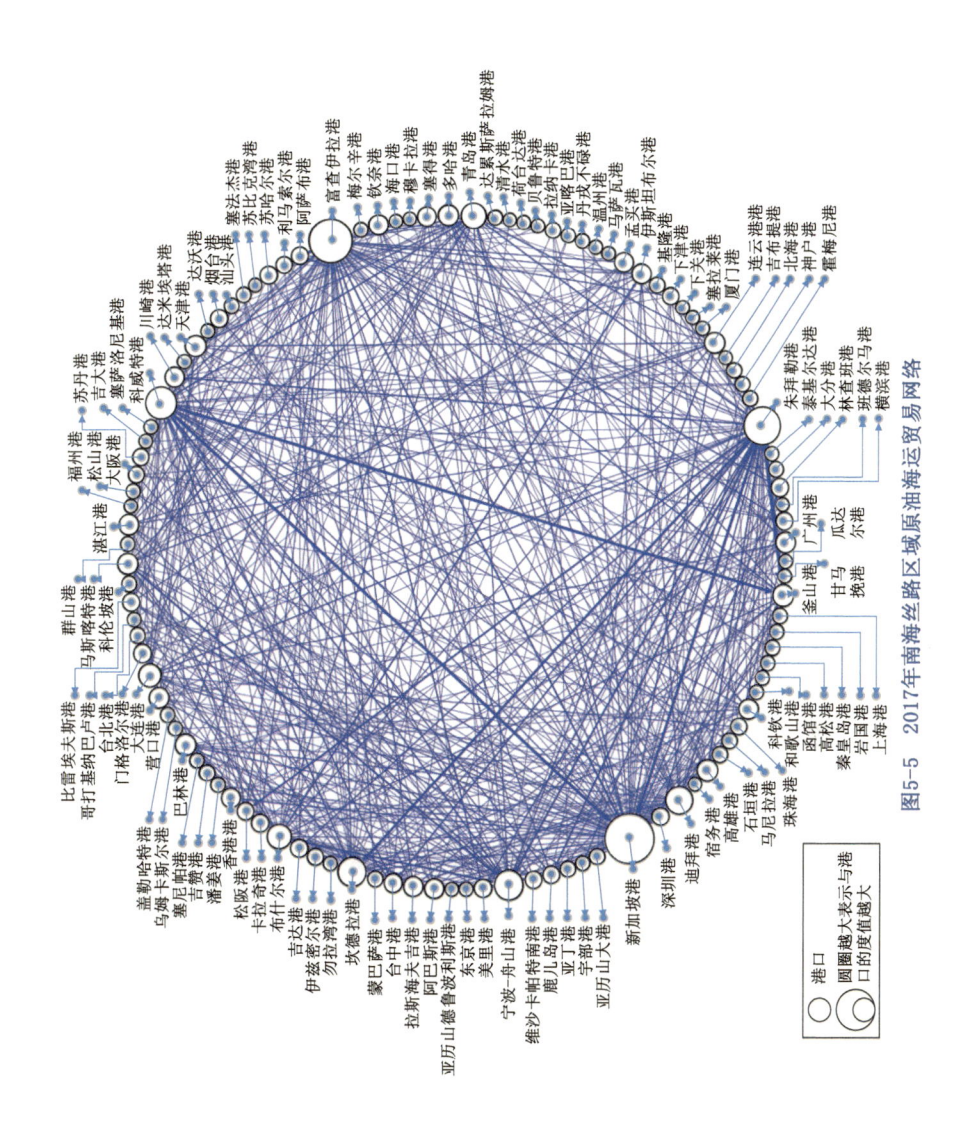

图5-5 2017年南海丝路区域原油海运贸易网络

表 5-2　2014—2017 年南海丝路原油海运贸易网络特征

年份	港口原油海运贸易网络特征							
	节点	连边	平均度	平均强度	平均路径长度	平均聚类系数	小系数
2014	101	479	4.743	1 165 474	2.859	0.276	2.332
2015	110	510	4.636	1 212 052	2.801	0.260	2.571
2016	98	539	5.500	1 261 809	2.478	0.324	2.471
2017	109	602	5.523	1 284 684	2.586	0.297	2.460

基于节点的度、出度、入度，进一步分析南海丝路区域原油海运贸易网络的度分布，其度分布特征如图 5-6 所示。由图 5-6(a)~(c)可以看出，该网络中节点度分布极其不均衡，极少数港口具有高连通度，大多数港口具有低连通度。度值前 10 的港口贸易连边占了网络中全部贸易连边的一半以上，说明网络中存在少数关键节点，使得网络呈现出轴辐式结构。此外，该网络的节点出度分布与节点入度分布依然遵循上述规律。由图 5-6(e)~(f)可以看出，南海丝路区域原油海运贸易网络度分布符合幂律分布，表现出无标度特性，说明网络中存在枢纽节点对区域贸易流动具有强集聚效应。这与原油资源分布不均密切相关，由于原油资源主要分布在少数国家，同时少数经济发展强的国家对原油的需求量大，使得原油贸易的出口和进口均表现出强集聚效应，从而产生了连通度高的原油出口港和进口港。

对于 2017 年的南海丝路区域原油海运贸易网络，港口的度值排名前 10 的港口依次为新加坡港（新加坡）、富查伊拉港（阿联酋）、朱拜勒港（沙特阿拉伯）、科威特港（科威特）、舟山港（中国）、坎德拉港（印度）、迪拜港（阿联酋）、青岛港（中国）、布什尔港（伊朗）、大连港（中国）。港口节点的度值反映了与该港口存在原油海运贸易往来的港口数量。新加坡港作为全球重要的原油集散地和航运中心，使之成为该区域海运贸易网络中度值最高的港口，与该网络的 109 个港口节点中的 89 个港口建立了原油贸易联系，覆盖率超过 81%。

对于 2017 年的南海丝路区域原油海运贸易网络，港口的加权度值排名前 10 的港口依次为朱拜勒港、新加坡港、科威特港、富查伊拉港、釜山港（韩国）、舟山港、布什尔港、东京港（日本）、坎德拉港、青岛港。港口节点的加权度值反映了与该港口进行原油海运贸易往来的原油贸易量。朱拜勒港以 0.4 亿 t 的贸易量成为该区域加权度值最高的港口，远高于该网络中的其他港口。与度值排名前 10 的港口相比，釜山港和东京港的加权度值排名高于其度值排名，

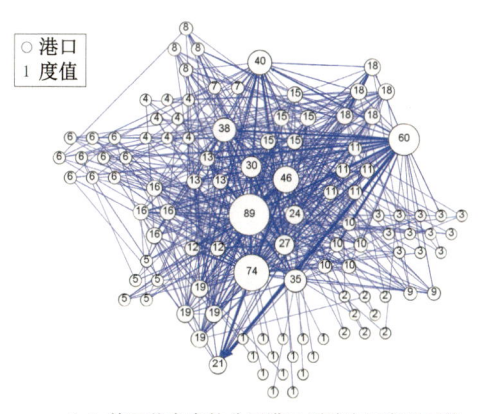

第 5 章　船舶轨迹载重建模与原油海运贸易分析

(a) 基于节点度的分层港口原油海运贸易网络

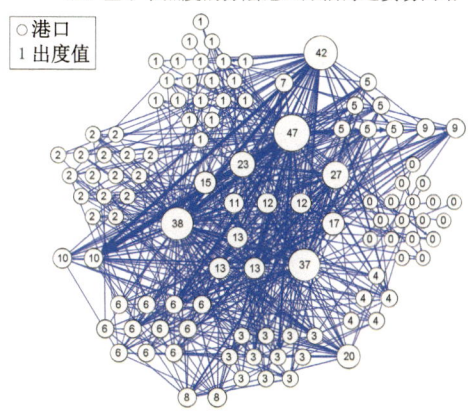

(b) 基于节点出度的分层港口原油贸易网络

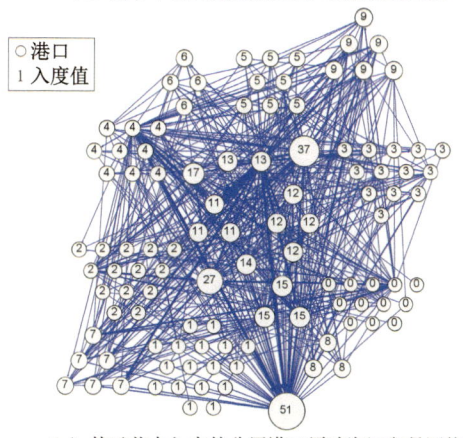

(c) 基于节点入度的分层港口原油海运贸易网络

图 5-6　南海丝路原油海运贸易网络的度分布特征

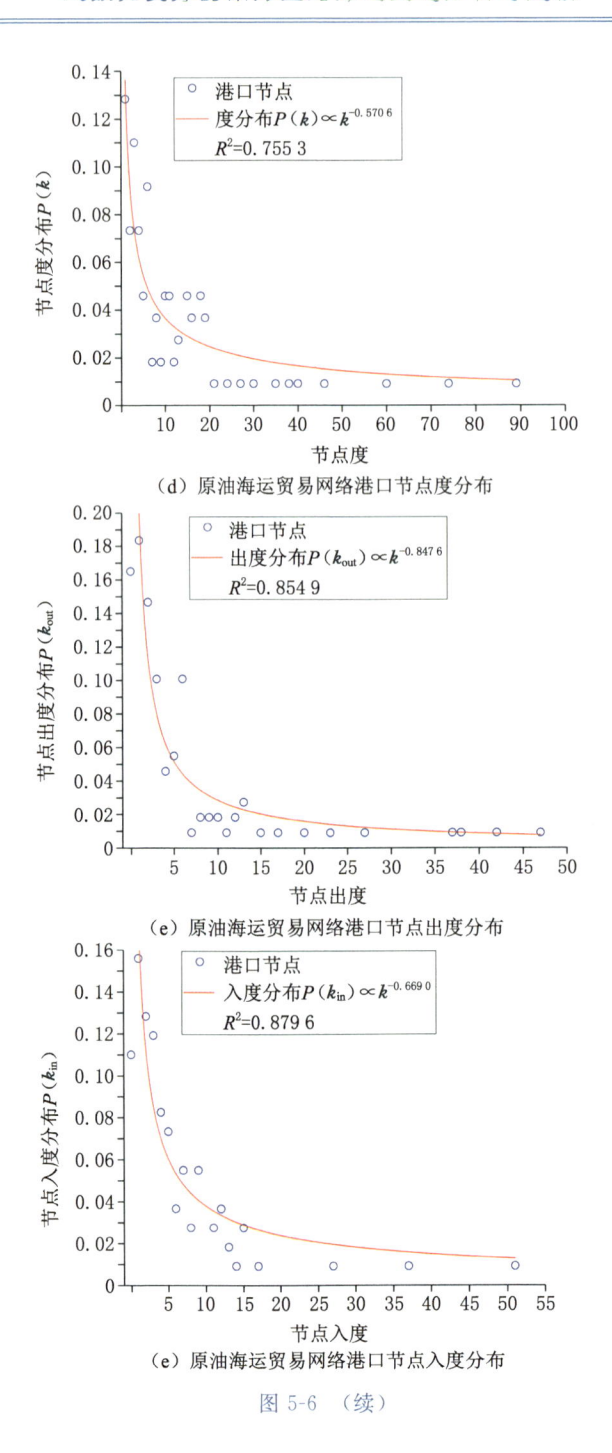

(d) 原油海运贸易网络港口节点度分布

(e) 原油海运贸易网络港口节点出度分布

(e) 原油海运贸易网络港口节点入度分布

图 5-6 （续）

说明釜山港和东京港的原油进口来源较为单一,严重依赖于区域内少数几个原油供应地。舟山港、青岛港在该原油海运贸易网络的度值和加权度值排名都位居中国港口前两名,坎德拉港在该原油海运贸易网络的度值和加权度值排名都为印度排名最高的港口,说明了上述港口在所在国的原油海运贸易中具有重要的影响力。

平均聚类系数反映了南海丝路区域原油海运贸易网络的平均聚类程度,是网络中港口间原油贸易流聚集程度的表征。由表 5-2 可以看出,2014—2017 年,该原油海运贸易网络的平均聚类系数呈逐年增加的趋势,说明该网络中各港口之间的原油贸易联系越来越紧密。进一步分析各港口节点的聚类系数发现,对于网络中度值排名较低的港口,如吉大港(孟加拉国,度值为 2,聚类系数为 1)、达累斯萨拉姆港(坦桑尼亚,度值为 4,聚类系数为 0.83)、泰基尔达港(土耳其,度值为 3,聚类系数为 0.83),这类港口的聚类系数较高,甚至存在聚类系数为 1 的港口,其原因是这类港口在该网络中的贸易邻接港口较少,使得容易发生其贸易邻接港口之间全部具有贸易联系的情况。与之对应的是,对于度值较高的港口,如新加坡港(度值为 89,聚类系数为 0.09)、富查伊拉港(度值为 74,聚类系数为 0.11)、朱拜勒港(度值为 60,聚类系数为 0.09),其聚类系数表现出相反的特征,这类港口具有较小的聚类系数,其原因是该类港口在该网络中具有较多的贸易邻接港口,这些邻接港口多需要通过枢纽港完成原油贸易中转,从而大大降低了其聚类系数。

5.3.2.2 南海丝路港口重要性评价

南海丝路原油海运贸易网络中的中心港口对原油海运贸易具有重要的影响力和辐射力,承担着网络中原油贸易流动的枢纽作用。基于 5.3.1 小节提出的节点复合重要性评价指标,在综合港口的度、强度、介数中心性、接近中心性和特征向量中心性的基础上,对南海丝路原油海运贸易网络中的港口重要性进行评价,各项指标值均已基于式(5-19)做标准化处理,港口重要性评价结果如图 5-7 所示。

从中可以看出,南海丝路区域对原油海运贸易重要程度高的港口主要分布在波斯湾、马六甲海峡、东亚三国(中国、日本、韩国)、印度和泰国。特别是中东-马六甲海峡-东亚的原油运输主干道上密布着具有重要影响力的港口,形成了南海丝路区域原油海运贸易活动频繁、贸易量巨大的原油贸易要道。

南海丝路原油海运贸易网络中港口重要性排序前 20 的结果见表 5-3。

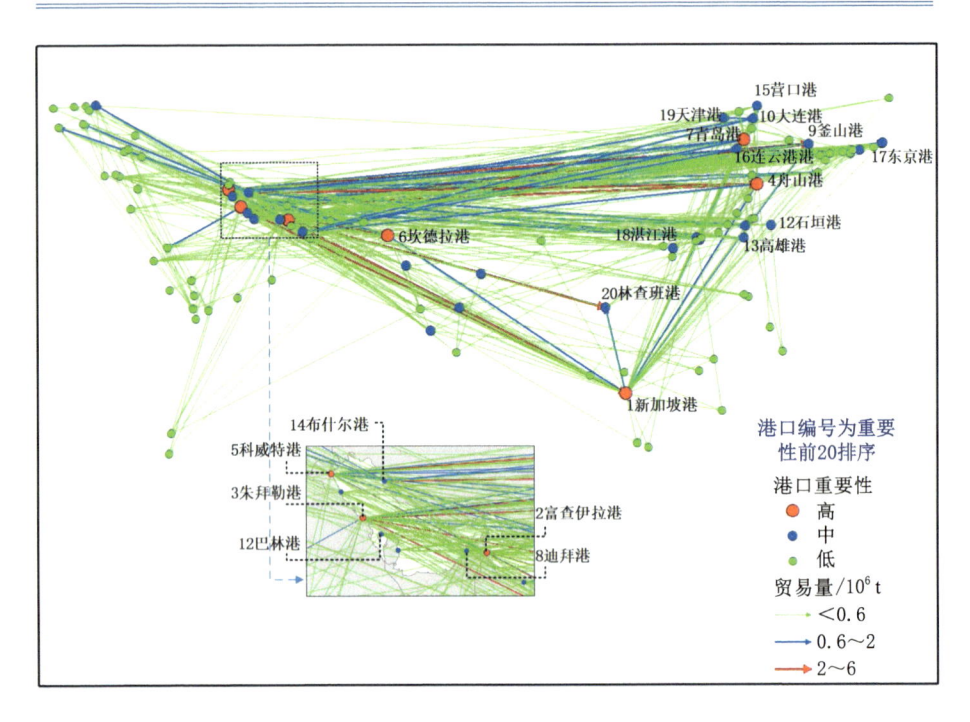

图 5-7 南海丝路原油海运贸易网络港口节点重要性评价

表 5-3 南海丝路原油海运贸易网络中港口重要性排序前 20 的结果

排序[①]	港口	D[②]	S[②]	CB[②]	CC[②]	CE[②]	CI[②]
1	新加坡港	1	0.656 5	1	0.569 6	1	1
2	富查伊拉港	0.829 5	0.460 7	0.764 3	0.591 1	0.791 0	0.813 0
3	朱拜勒港	0.670 4	1	0.362 4	0.614 3	0.462 106	0.735 4
4	舟山港	0.443 1	0.330 3	0.231 2	0.423 4	0.522 367	0.460 9
5	科威特港	0.511 3	0.507 3	0.159 5	0.606 4	0.087 924	0.442
6	坎德拉港	0.420 4	0.267 2	0.247 3	0.537 1	0.328 577	0.425 4
7	青岛港	0.329 5	0.230 2	0.166 5	0.474 7	0.519 381	0.406 3
8	迪拜港	0.386 3	0.084 9	0.212 3	0.505 3	0.472 532	0.392 4
9	釜山港	0.227 2	0.340 7	0.021 2	0.460 7	0.326 041	0.324 8
10	大连港	0.261 3	0.134 7	0.146	0.437 2	0.355 987	0.315 3

第 5 章　船舶轨迹载重建模与原油海运贸易分析

表 5-3(续)

排序①	港口	D②	S②	CB②	CC②	CE②	CI②
11	石垣港	0.056 8	0.026 3	0.010 4	1	0.174 353	0.299 2
12	巴林港	0.204 5	0.049 5	0.091 1	0.470 0	0.405 8	0.288 0
13	高雄港	0.204 5	0.083 4	0.019 4	0.423 4	0.429 8	0.273 7
14	布什尔港	0.295 4	0.302 9	0	0.527 1	0	0.265 4
15	营口港	0.193 1	0.051 2	0.024 9	0.388 4	0.457 2	0.263 0
16	连云港港	0.193 1	0.137 9	0.022 9	0.445 4	0.314 2	0.262 6
17	东京港	0.125 0	0.297 5	0.016 1	0.441 3	0.223 2	0.260 1
18	湛江港	0.193 1	0.068 5	0.042 7	0.415 9	0.371 4	0.257 4
19	天津港	0.204 5	0.082 8	0.030 4	0.364 3	0.406 8	0.256 8
20	林查班港	0.136 3	0.143 8	0.004 7	0.451 9	0.314 3	0.247 8

注：① 排序依据为复合重要性指标。

② D 为度，S 为强度，CB 为介数中心性，CC 为接近中心性，CE 为特征向量中心性，CI 为复合重要性。

从中可以看出，重要性排名前 20 的港口可以分为三类：重要原油枢纽港（新加坡港、石垣港）、重要原油出口港（富查伊拉港、朱拜勒港、科威特港、迪拜港、巴林港、布什尔港）以及重要原油进口港（舟山港、坎德拉港、青岛港、釜山港、大连港、高雄港、营口港、连云港港、东京港、湛江港、天津港、林查班港）。新加坡港是南海丝路区域原油海运贸易网络中最重要的港口，其度中心性、介数中心性、特征向量中心性指标都位于该网络的首位，说明新加坡港在整个网络中起着枢纽桥梁的作用，是参与原油海运贸易最活跃、最广泛的港口。新加坡港所处的马六甲海峡是东亚、东南亚与南亚、西亚、非洲和欧洲进行贸易往来的必经之路(图 5-7)，优越的地理位置使其成为世界海运贸易最为重要的中转港之一，同时也成为南海丝路区域原油海运贸易最为重要的枢纽港。石垣港是日本最南端的重要港口，其位于新加坡-吕宋海峡-日本的主干航路上，且与中国台湾紧邻(图 5-7)，使得该港口在南海丝路区域原油海运贸易网络中具有最高的接近中心性，是新加坡-吕宋海峡-日本主干航路的重要枢纽，也成为南海丝路区域原油海运贸易重要的枢纽港之一。重要原油出口港密集分布于波斯湾地区(图 5-7)，作为世界最重要的原油出口地，波斯湾地区的港口与世界各大石油进口国的港口建立了广泛的贸易联系,因此成为南海丝路区域原油海运贸易出口量最大、最活跃的原油出口港群。重要原油进口港分布在东亚三国(中国、日本、韩国)、印度和泰国五个国家(图5-7)。这五个国家是世界重要的经济体,按照世界银行2019年GDP排名,中国(第2)、日本(第3)、印度(第5)、韩国(第12)、泰国(第22),其原油需求量极大。然而,由于五国的原油资源主要依赖进口,因此形成南海丝路区域最为重要的原油进口港群。

5.3.2.3　原油海运贸易网络社区

基于5.3.1小节社区检测方法,根据模块度最大化检测了南海丝路原油海运贸易网络的社区结构。南海丝路原油海运贸易网络2014年的模块度为0.226,2017年为0.253,说明南海丝路原油海运贸易网络具有较为明显的内部贸易社区,且随着时间的推移贸易社区结构更加聚集。图5-8所示为这些社区的地理可视化,同一颜色标注的港口属于同一社区。2014年与2017年南海丝路原油海运贸易网络社区包含的港口节点分别见表5-4和表5-5。图5-8(a)所示为2014年南海丝路原油海运贸易网络社区的空间分布,划分成中东-南亚-东南亚-东亚社区、中东-南亚-东亚社区、地中海-非洲-中东-南亚-东南亚-东亚社区、红海-中国社区等4个贸易社区。图5-8(b)所示为2017年南海丝路原油海运贸易网络社区的空间分布,划分成中东-南亚-东南亚-东亚社区、非洲-中东-南亚-东南亚-东亚社区、红海-中东-东南亚-中国社区、地中海-中东-日本社区等4个贸易社区。

对比表5-4和表5-5,进一步分析南海丝路原油海运贸易网络在2014年和2017年形成的贸易社区结构的差异。相较于2014年的原油海运贸易网络,2017年的贸易社区之间联系更加紧密。2017年,中东-南亚-东南亚-东亚社区的平均度比2014年增加了54%,红海-中东-东南亚-中国社区的平均度比2014年中东-南亚-东亚社区的平均度增加了51%。此外,2017年与2014年的贸易社区最大差异在于中国社区的扩张。2014年的中东-南亚-东亚社区与红海-中国社区逐渐趋于融合,形成2017年的红海-中东-东南亚-中国社区。同时,2014年的地中海-非洲-中东-南亚-东南亚-东亚社区发生分裂,2017年形成非洲-中东-南亚-东南亚-东亚社区和地中海-中东-日本社区两个贸易社区。

图5-8 南海丝路原油海运贸易网络社区空间分布（颜色相同的港口属于同一社区）

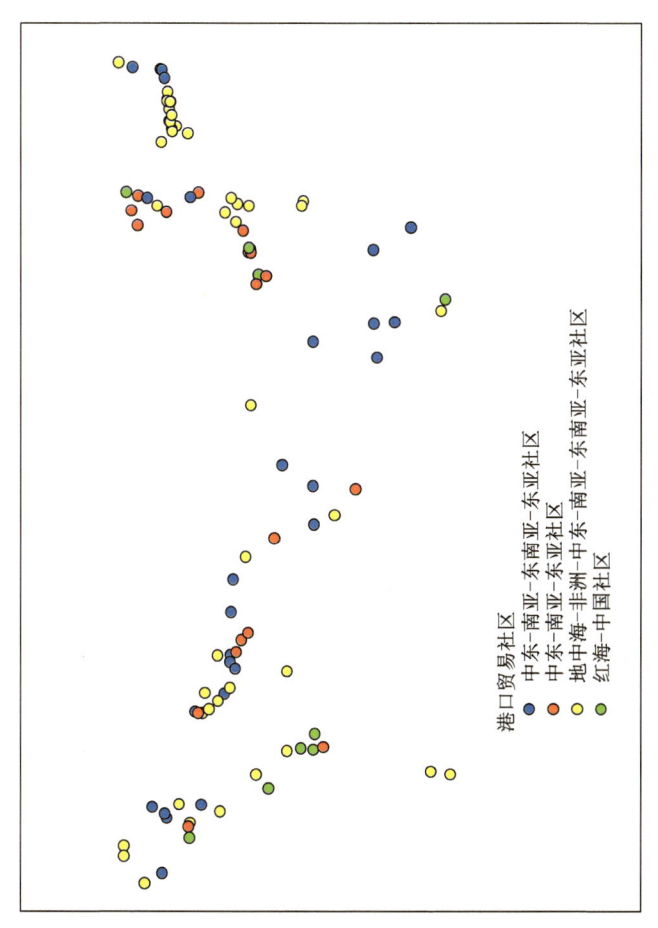

(a) 2014年南海丝路原油海运贸易网络社区

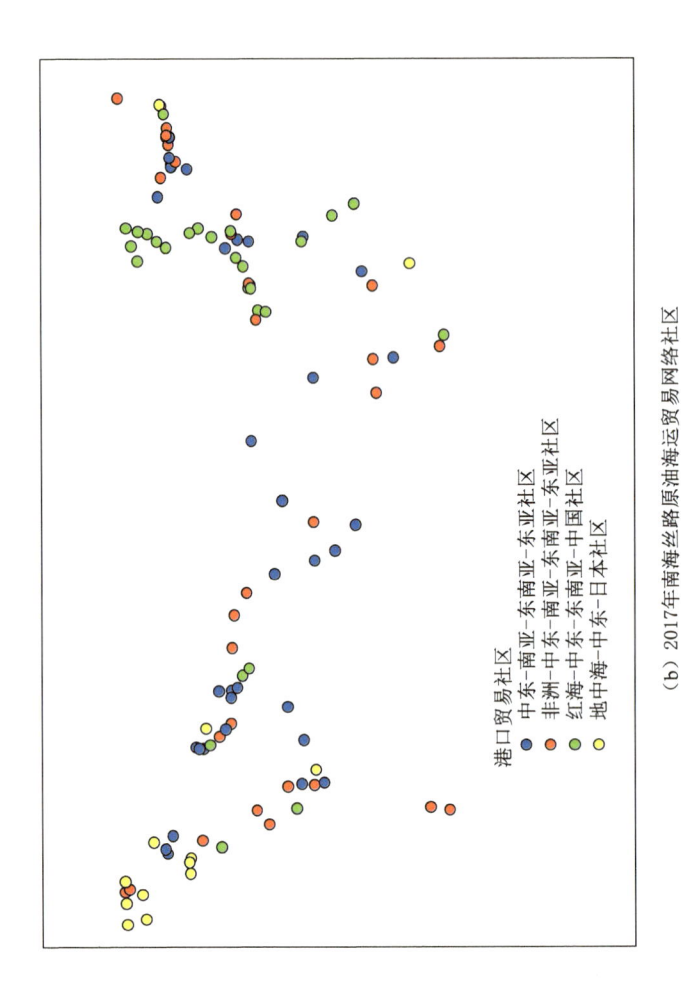

(b) 2017年南海丝路原油海运贸易网络社区

图5-8（续）

表 5-4　2014 年南海丝路原油海运贸易网络社区特征

时间	贸易社区	节点数量	连边数量	平均度	聚类系数	港口节点
2014	中东-南亚-东南亚-东亚社区	28	60	2.143	0.357	阿联酋(富查伊拉港、迪拜港、阿布扎比港)、巴基斯坦(卡拉奇港、瓜达尔港)、巴林(巴林港)、马来西亚(甘马挽港、美里港)、日本(东京港、横滨港、下津港、清水港、秋田港)、塞浦路斯(利马索尔港、拉纳卡港)、泰国(林查班港)、土耳其(梅尔辛港)、希腊(伊拉克利翁港)、新加坡(新加坡港)、伊朗(霍梅尼港)、印度(门格洛尔港、维沙卡帕特南港、钦奈港)、印尼(塞尼帕港、勿拉湾港)、约旦(亚喀巴港)、中国(上海港、烟台港)
	中东-南亚-东亚社区	20	42	2.100	0.212	阿曼(马斯喀特港、盖勒哈特港、苏哈尔港)、埃及(达米埃塔港)、吉布提(吉布提港)、斯里兰卡(科伦坡港)、日本(广岛港、松阪港)、伊拉克(乌姆卡斯尔港)、印度(孟买港)中国(舟山港、大连港、连云港港、天津港、珠海港、广州港、北海港、汕头港、秦皇岛港、海口港)
	地中海-非洲-中东-南亚-东南亚-东亚社区	43	105	2.442	0.198	阿曼(塞拉莱港)、埃及(塞得港、塞法杰港)、菲律宾(马尼拉港、苏比克港)、韩国(釜山港)、卡塔尔(多哈港)、科威特(科威特港)、肯尼亚(蒙巴萨港)、孟加拉国(吉大港)、日本(鹿儿岛港、川崎港、大分港、高松港、宇部港、大阪港、松山港、岩国港、神户港、和歌山港、函馆港、新居滨港、北九州港)、沙特阿拉伯(朱拜勒港、拉斯海夫吉港、吉达港、吉赞港)、坦桑尼亚(达累斯萨拉姆港)、土耳其(伊斯坦布尔港、泰基尔达港)、希腊(比雷埃夫斯港)、伊朗(布什尔港、阿巴斯港)、以色列(海法港)、印度(坎德拉港、科钦港)、印尼(潘姜港)、中国(台中港、青岛港、高雄港、台北港、厦门港、福州港)
	红海-中国社区	10	15	1.500	0.343	埃及(亚历山大港)、厄立特里亚(阿萨布港)、苏丹(苏丹港)、也门(亚丁港、荷台达港)、印尼(丹戎不碌港)、中国(湛江港、深圳港、营口港、香港港)

表 5-5　2017 年南海丝路原油海运贸易网络社区特征

时间	贸易社区	节点数量	连边数量	平均度	聚类系数	港口节点
2017	中东-南亚-东南亚-东亚社区	35	116	3.314	0.357	阿联酋(富查伊拉港、迪拜港)、阿曼(苏哈尔港、塞莱港)、巴林(巴林港)、菲律宾(马尼拉港)、韩国(群山港)、吉布提(吉布提港)、科威特(科威特港)、黎巴嫩(贝鲁特港)、马来西亚(哥打基纳巴卢港)、孟加拉国(吉大港)、日本(横滨港、松山港、下关港、鹿儿岛港、和歌山港、岩国港)、塞浦路斯(利马索尔港、拉纳卡港)、斯里兰卡(科伦坡港)、泰国(林查班港)、新加坡(新加坡港)、也门(荷台达港、穆卡拉港)、伊拉克(乌姆卡斯尔港)、伊朗(霍梅尼港、阿巴斯港)、印度(维沙卡帕特南港、孟买港、科钦港、门格洛尔港)、中国(福州港、台中港、高雄港)
	非洲-中东-南亚-东南亚-东亚社区	33	64	1.939	0.234	巴基斯坦(卡拉奇港、瓜达尔港)、厄立特里亚(阿萨布港)、韩国(釜山港)、卡塔尔(多哈港)、肯尼亚(蒙巴萨港)、马来西亚(美里港、甘马挽港)、日本(川崎港、神户港、松阪港、石垣港、宇部港、下津港、高松港、大分港、函馆港、大阪港)、沙特(朱拜勒港、吉达港、吉赞港)、苏丹(苏丹港)、坦桑尼亚(达累斯萨拉姆港)、土耳其(泰基尔达港、班德尔马港)、印度(钦奈港、坎德拉港)、印尼(勿拉湾港、潘姜港)、约旦(亚喀巴港)、中国(深圳港、北海港、台北港)
	红海-中东-东南亚-中国社区	28	89	3.179	0.256	阿曼(马斯喀特港、盖勒哈特港)、埃及(塞法杰港)、厄立特里亚(马萨瓦港)、菲律宾(宿务港、达沃港、苏比克港)、印尼(丹戎不碌港)、日本(清水港)、沙特(拉斯海夫吉港)、中国(舟山港、上海港、珠海港、秦皇岛港、广州港、汕头港、基隆港、天津港、烟台港、营口港、香港港、连云港港、大连港、青岛港、湛江港、海口港、温州港、厦门港)
	地中海-中东-日本社区	13	19	1.462	0.135	埃及(塞得港、达米埃塔港、亚历山大港)、日本(东京港)、土耳其(梅尔辛港、伊兹密尔港、伊斯坦布尔港)、希腊(塞萨洛尼基港、亚历山德鲁波利斯港、比雷埃夫斯港)、也门(亚丁港)、伊朗(布什尔港)、印尼(塞尼帕港)

5.4 本章小结

针对港口尺度的贸易分析甚至更小尺度(船舶轨迹尺度)的贸易分析很难通过贸易统计数据实现,且尚无完备方法实现船舶轨迹载重计算的问题,本章在船舶停留点与港口识别和船舶轨迹抽象与轨迹分析的基础上,提出一种船舶轨迹载重建模与海运贸易分析方法,实现了基于船舶轨迹数据的海运贸易分析通用框架。首先,基于船舶活动装卸行为识别构建船舶轨迹载重模型,实现船舶每一行程轨迹载货量的计算。然后,以具有方向和运量的船舶行程轨迹作为海运贸易分析的最小单元,将海运贸易分析细化到船舶轨迹尺度。

第6章 结论与展望

6.1 结论

以海量船舶活动轨迹数据为基础进行船舶轨迹抽象与载重建模研究,构建具有方向和运量的船舶行程轨迹,并以此为最小研究单元实现海运交通与海运贸易细粒度分析,拓展船舶轨迹在海运研究中的应用,对于海运交通的科学化管理以及海运贸易的分析与决策具有重要意义。本书研究构建了一套"船舶停留点和港口识别-船舶轨迹抽象-船舶轨迹载重建模-海运贸易网络分析"的船舶轨迹抽象与载重建模方法,顾及地理情景语义知识,基于活动理论挖掘和发现船舶在港口区域的停留信息,构建了船舶载重计算模型实现船舶每一行程轨迹载重量的计算,将海运贸易分析的研究细化到船舶行程轨迹尺度。以南海丝路区域为研究区,以 AIS 数据为船舶轨迹数据源,利用所提方法实现了南海丝路区域由微观至宏观、由点(船舶停留点)及线(船舶航线)再到面(海运贸易网络)的海运交通与海运贸易分析。本书主要研究结论如下:

① 南海丝路区域船舶停留点和港口识别。首先,提出了一种地理知识约束的船舶停留点和港口识别方法,综合轨迹特征和地理语义两个维度实现了船舶停留点识别、船舶停留方式分类以及港口提取。研究结果表明,船舶停留点识别的准确率为 0.94,召回率为 0.91,F_1 值为 0.92。其次,船舶停留方式分类的总体精度为 0.93、Kappa 系数为 0.87,实现了船舶泊位停留和锚地停留两种停留方式的准确分类。最后,提取了南海丝路区域 1 050 个港口点位,准确率为 98.41%,南海丝路区域港口提取结果包含了东山港、金门港、泉州港、莆田港、安平港、麦寮港、花莲港等 Natural Earth 港口点位数据中不包含的港口,相比于 Natural Earth 港口点位数据仅覆盖南海丝路区域的 166 个港口,港口点位提取结果的港口覆盖完整性大大增强。

② 南海丝路区域典型商船轨迹分析与航线提取。提出了一种"停留-移动"船舶轨迹抽象模型构建与轨迹分析方法,以"停留-移动"船舶轨迹抽象模型实现了船舶行程轨迹的通用划分和简化表达,并以此为基础对南海丝路区域典型商船(集装箱船、油轮、散货船)进行了轨迹分析和航线提取。通过轨迹分析发现,南海丝路区域商船活动的热点区域为马六甲海峡经南海至东亚三国(中国、韩国、日本)的运输路线、霍尔木兹海峡、曼德海峡、苏伊士运河、土耳其海峡、巽他海峡、坎德拉港附近区域、科伦坡港附近区域、吉达港附近区域、林查班港附近区域等。对于运输路线而言,马六甲海峡至香港港的路线是集装箱船活动的热点路线,但不是散货船和油轮活动的热点路线。霍尔木兹海峡至坎德拉港的路线是油轮活动的热点路线,尽管坎德拉港也是集装箱船和散货船活动的热点区域,但该路线主要进行石油贸易。对于港口或海峡而言,吉达港主要参与集装箱贸易和石油贸易,孟买港主要参与干散货贸易,巽他海峡主要参与集装箱贸易。通过航线提取发现,南海丝路商船航线提取结果与船舶交通高密度区域高度吻合,能够反映南海丝路真实的船舶交通航线。相较于现有航线数据,提取航线的细节更加丰富、结构更加完整。

③ 南海丝路区域原油海运贸易分析。构建了一种顾及船舶装卸行为识别的船舶轨迹载重模型,实现了船舶每一行程轨迹载重量的计算,将海运贸易分析细化到船舶轨迹尺度。研究结果表明,基于船舶轨迹载重模型计算的原油海运贸易量与贸易统计数据之间的决定系数 R^2 值为 0.879 8,说明两者之间存在强相关性。通过贸易网络分析发现,南海丝路区域原油海运贸易网络中任意两个港口之间至多通过 3 个中间港口就可实现原油贸易联系,具有小世界特性,网络中港口节点的度分布极其不均衡,极少数港口具有高连通度,大多数港口具有低连通度,具有无标度特性。南海丝路区域原油海运贸易网络的重要性港口主要分为三类:重要原油枢纽港(新加坡港、石垣港)、重要原油出口港(富查伊拉港、朱拜勒港、科威特港、迪拜港、巴林港、布什尔港)和重要原油进口港(舟山港、坎德拉港、青岛港、釜山港、大连港、高雄港、营口港、连云港港、东京港、湛江港、天津港、林查班港)。南海丝路区域原油海运贸易网络具有较为明显的内部港口贸易社区,2017 年形成了中东-南亚-东南亚-东亚社区、非洲-中东-南亚-东南亚-东亚社区、红海-中东-东南亚-中国社区、地中海-中东-日本社区等 4 个贸易社区。

6.2 创新点

① 提出了一种地理知识约束的船舶停留点和港口识别方法,综合轨迹特征和地理语义两个维度实现了船舶停留点识别、船舶停留方式分类以及港口提取。针对海量船舶轨迹数据时空特征丰富但语义特征匮乏不利于发现其隐含知识的问题,在港口位于海岸线、港口附近的水深满足一定阈值、港口与道路相连、港口陆地区域多为不透水面、港口区域停靠有船舶等地理知识的约束下,挖掘船舶轨迹特征实现了船舶在港口区域停留点的识别,从轨迹特征、地理语义两个维度选取平均速度、圆形度、与海岸线距离、停留时长等15个船舶停留方式分类特征,构建了基于随机森林的船舶停留方式分类模型,分类了船舶泊位停留和锚地停留两种停留方式,并基于船舶泊位停留轨迹生成港口泊位多边形,以港口泊位多边形聚类提取了港口点位。相比于现有港口点位数据,该方法提取的南海丝路区域港口点位完整性大大增加,说明了该方法的有效性。

② 提出了一种"停留-移动"船舶轨迹抽象模型构建与轨迹分析方法,以"停留-移动"船舶轨迹抽象模型表达船舶轨迹,实现了船舶轨迹分析与航线提取。针对仅依靠轨迹数据特征无法实现船舶行程轨迹通用划分不利于轨迹分析与航线提取的问题,将船舶行程轨迹抽象为船舶停留特征点(停留点)与移动特征点(航路点)的组合,其中停留点为船舶在港口处停留轨迹段的特征点,航路点为船舶移动轨迹段中航行速度或航行角度发生明显变化的特征点,构建"停留点→航路点→停留点"船舶行程轨迹抽象模型,实现了船舶行程轨迹的通用划分,并以船舶行程轨迹抽象模型为基础,基于图论理论进一步聚类海量船舶行程轨迹的停留点和航路点,提取表征船舶航线的航线点(停留航线点和航路航线点)并建立航线点连接矩阵,以海运交通图的形式实现了船舶航线提取。相比于现有船舶航线数据,该方法提取的南海丝路区域船舶航线具有更多的细节航线,结构更加完整。

③ 构建了一种顾及船舶装卸行为识别的船舶轨迹载重模型,实现了船舶每一行程轨迹载重量的计算,将海运贸易分析细化到船舶轨迹尺度,拓展了船舶轨迹在海运贸易分析中的应用。针对尚无完备方法实现船舶轨迹载重计算不利于船舶轨迹应用于海运贸易分析的问题,通过分析船舶行程轨迹起讫点处的吃水变化识别船舶在港口处的装卸行为,构建船舶轨迹载重模型获得具有方向和载重量的船舶行程轨迹,并以此为最小研究单元,在复杂网络视角下

构建以港口为节点、以港口间往来的船舶轨迹为边、以船舶轨迹的方向为边的方向、以船舶轨迹的载重量为边的权重的有向加权海运贸易网络,实现了船舶轨迹尺度的细粒度海运贸易分析。该方法已应用于南海丝路区域原油海运贸易网络分析,表明了构建的船舶轨迹载重模型的有效性。

6.3 展望

利用船舶轨迹数据实现海运交通知识获取和海运贸易分析一直是地理、交通、经济等多个学科研究的热点和难点,其涉及的理论与技术存在多学科交叉、新技术不断涌现等特点。本书从基于活动的研究范式入手,聚焦船舶轨迹抽象与载重建模,以"船舶停留点与港口识别-船舶轨迹抽象-船舶轨迹载重建模-海运贸易分析"的研究框架逐级实现海运足迹的建模与分析,但顾及研究问题多学科交叉的背景,本书开展的研究仍然存在一定的改进空间,需要在下一步的研究中进行深化和提高,主要存在的问题和改进的方向如下:

① 引入高性能计算技术提高对海量船舶轨迹知识获取的速度,实现对海运交通的实时感知和建模。本书研究能够从海量 AIS 数据中实现海运交通建模与分析,但不具备实时处理能力。下一步将引入高性能计算技术,解决海量船舶轨迹数据实时处理的问题,实现海运交通的实时感知和建模。

② 引入多源船舶轨迹数据提高对船舶装载货物的精细分类,实现对特定商品海运贸易的分析。本书研究提出了船舶载重计算模型,实现了基于船舶轨迹数据的海运贸易分析,对于装载不同商品的船舶,如散货船,无法得知其是参与煤炭贸易、铁矿石贸易还是粮食贸易。下一步将引入多源船舶轨迹数据实现船舶装载货物的精细分类,从而对特定商品的海运贸易进行分析。

③ 引入多维度社会经济数据研究海运交通的驱动力因素。本书研究分析了船舶轨迹尺度的海运交通和海运贸易特征,还未涉及海运交通内在的驱动力因素。下一步将引入多维度社会经济数据,在船舶轨迹尺度的海运交通与海运贸易特征的基础上,揭示海运交通的驱动力因素。

参 考 文 献

[1] 蔡正义,2018.基于大数据的城市居民出行分析建模[D].杭州:浙江大学.
[2] 柴彦威,王恩宙,1997.时间地理学的基本概念与表示方法[J].经济地理,17(3):55-61.
[3] 常翔宇,柯长青,2020.基于随机森林算法的城市不透水面信息提取:以长春市为例[J].测绘通报,11:43-49.
[4] 陈金海,陆锋,彭国均,等,2012.船舶轨迹数据的 Geodatabase 管理方法[J].地球信息科学学报,14(6):728-735.
[5] 陈仁丽,王宜强,刘柏静,等,2020.基于 GIS 和 AIS 的渤海海上船舶活动时空特征分析[J].地理科学进展,39(7):1172-1181.
[6] 程倩,丁云峰,2016.基于路网的 GPS 轨迹在线压缩方法[J].计算机系统应用,25(6):166-170.
[7] 邓中伟,2012.面向交通服务的多源移动轨迹数据挖掘与多尺度居民活动的知识发现[D].上海:华东师范大学.
[8] 董婉婷,于红,周弈志,等,2020.基于改进滑动窗口的渔船 AIS 轨迹数据压缩算法[J].大连海洋大学学报,35(3):462-468.
[9] 高邈,史国友,李伟峰,2018.改进的 Sliding Window 在线船舶 AIS 轨迹数据压缩算法[J].交通运输工程学报,18(3):218-227.
[10] 耿志兵,2011.内河 AIS 与电子江图集成研究[D].武汉:武汉理工大学.
[11] 龚玺,裴韬,孙嘉,等,2011.时空轨迹聚类方法研究进展[J].地理科学进展,30(5):522-534.
[12] 郝青振,张人禾,汪品先,等,2016.全球季风的多尺度演化[J].地球科学进展,31(7):689-699.
[13] 胡开喜,2018.移动轨迹的异常检测及其聚类研究[D].重庆:重庆大学.
[14] 黄岗,2019.英文航海日志的记录[J].世界海运,42(3):39-43.

[15] 姜佰辰,关键,周伟,等,2019.基于多项式卡尔曼滤波的船舶轨迹预测算法[J].信号处理,35(5):741-746.

[16] 姜金贵,2005.数据挖掘分类算法在CRM中的研究[D].哈尔滨:哈尔滨工程大学.

[17] 姜欣,2019.大规模社会网络信息可视化方法的研究[D].沈阳:沈阳工业大学.

[18] 李德仁,王树良,李德毅,等,2002.论空间数据挖掘和知识发现的理论与方法[J].武汉大学学报(信息科学版),27(3):20-21,31.

[19] 李德仁,王树良,史文中,等,2001.论空间数据挖掘和知识发现[J].武汉大学学报(信息科学版),26(6):51.

[20] 李东枫,2017.基于AIS大数据的船舶危险会遇热点区域挖掘研究[D].广州:华南理工大学.

[21] 李清泉,萧世伦,方志祥,2012.交通地理信息系统技术与前沿发展[M].北京:科学出版社.

[22] 李四海,2015.通用大洋水深制图(GEBCO)的发展与启示[J].海洋信息,2:1-5.

[23] 李永攀,刘正江,郑中义,2018.基于时空密度的船载AIS数据聚类分析方法研究[J].重庆交通大学学报(自然科学版),37(10):117-122.

[24] 李振福,李婉莹,2019.基于多重流分析的中国集装箱港口竞争格局[J].经济地理,39(2):124-131.

[25] 林广发,黄永胜,2002.GIS在时间地理学中的应用初探[J].人文地理,17(5):69-72.

[26] 刘洋,吴自银,赵荻能,等,2019.MF多源测深数据融合方法及大洋水深模型构建[J].测绘学报,48(9):1171-1181.

[27] 吕巾娇,刘美凤,史力范,2007.活动理论的发展脉络与应用探析[J].现代教育技术,17(1):8-14.

[28] 罗智德,2014.基于时间地理学的个体时空信息的表达与分析[D].北京:清华大学.

[29] 马杰,刘琪,张春玮,等,2019.基于AIS的数据时空分析及船舶会遇态势提取方法[J].中国安全科学学报,29(5):111-116.

[30] 马文耀,吴兆麟,李伟峰,2017.船舶异常行为的一致性检测算法[J].交通运输工程学报,17(5):149-158.

[31] 梅强,吴琳,彭澎,等,2018.南海区域商船典型空间分布及贸易流向研究

[J].地球信息科学学报,20(5):632-639.

[32] 秦昆,周勍,徐源泉,等,2017.城市交通热点区域的空间交互网络分析[J].地理科学进展,36(9):1149-1157.

[33] 宋鑫,朱宗良,高银萍,等,2019.动态阈值结合全局优化的船舶AIS轨迹在线压缩算法[J].计算机科学,46(7):333-338.

[34] 孙涛,吴琳,王飞,等,2018.大规模航运数据下"一带一路"国家和地区贸易网络分析[J].地球信息科学学报,20(5):593-601.

[35] 万刚,曹雪峰,2016.地理空间信息网格的历史演变与思考[J].测绘学报,45(12):15-22.

[36] 汪小帆,李翔,陈关荣,2006.复杂网络理论及其应用[M].北京:清华大学出版社.

[37] 王成,王茂军,王艺,2018.中国嵌入"21世纪海上丝绸之路"航运网络的关键节点识别[J].地理科学进展,37(11):1485-1498.

[38] 王辉,刘娜,张蕴斐,等,2020."21世纪海上丝绸之路"海洋与气象灾害预警报现状和风险防范对策建议[J].科学通报,65(6):453-462.

[39] 王加胜,2014.南海航道安全空间综合评价研究[D].南京:南京大学.

[40] 王笑京,沈鸿飞,汪林,2006.中国智能交通系统发展战略研究[J].交通运输系统工程与信息,6(4):9-12.

[41] 王新洲,2006.论空间数据处理与空间数据挖掘[J].武汉大学学报(信息科学版),31(1):1-4,8.

[42] 王瑶,2018.社交网络中用户数据中心的存储资源调配策略研究[D].南京:东南大学.

[43] 王奕森,2018.随机森林和深度神经网络的若干关键技术研究[D].北京:清华大学.

[44] 王雨佳,何保红,郭淼,等,2018.老年人日常家务活动出行模式及影响因素[J].交通运输研究,4(2):7-15.

[45] 卫桂荣,杨春,2016.船舶AIS数据错误检测方法[J].中国航海,39(4):11-14.

[46] 魏秋红,王红,2009.实际网络的复杂特征分析[J].信息技术与信息化,1:1672-9528.

[47] 吴迪,王诺,于安琪,等,2018."丝路"海运网络的脆弱性及风险控制研究[J].地理学报,73(6):1133-1148.

[48] 吴笛,杜云艳,易嘉伟,等,2015.基于密度的轨迹时空聚类分析[J].地球

信息科学学报,17(10):1162-1171.

[49] 向隆刚,邵晓天,2016.载体轨迹停留信息提取的核密度法及其可视化[J].测绘学报,45(9):1122-1131.

[50] 邢辉,段树林,黄连忠,等,2016.基于AIS数据的渤海湾地区海运排放测算[J].中国环境科学,36(3):953-960.

[51] 邢旭峰,谢仕义,黄妙芬,等,2020.基于近海雷达与AIS探测目标融合算法研究[J].海洋技术学报,39(3):1003-2029.

[52] 徐凯,邱家瑜,李燕,2017.一种加入时间维的船舶轨迹高效离线压缩算法研究[J].计算机科学,44(B11):498-502.

[53] 徐永健,阎小培,许学强,2001.西方现代港口与城市、区域发展研究述评[J].人文地理,16(4):28-33.

[54] 许立荣,2019.经济强国必定是海洋强国航运强国[J].珠江水运,20:76-83.

[55] 许培源,2018.土耳其在"一带一路"建设中的作用评估[J].新丝路学刊,2:48-64.

[56] 杨家骏,郭远晴,魏诗云,2012.时空数据压缩的基于Douglas-Peucker算法的改进与实现[J].计算机光盘软件与应用,7:176.

[57] 杨伟,艾廷华,2018.轨迹分割与图层融合的车辆轨迹线构建道路地图方法[J].测绘学报,47(12):1650-1659.

[58] 尹佩玲,黄争超,郑丹楠,等,2017.宁波-舟山港船舶排放清单及时空分布特征[J].中国环境科学,37(1):27-37.

[59] 余红楚,方志祥,陆锋,等,2018.重要经济发展区域间海运网络时空演变特性分析[J].地球信息科学学报,20(5):582-592.

[60] 袁冠,夏士雄,张磊,等,2011.基于结构相似度的轨迹聚类算法[J].通信学报,32(9):103-110.

[61] 张靖靖,2015.基于航海大数据的航道拥堵状态识别研究[D].哈尔滨:哈尔滨工程大学.

[62] 张霖,2017.基于Spark的分布式社区发现算法设计与实现[D].北京:北京交通大学.

[63] 张远强,史国友,李松,2020.基于在线有向无环图的船舶轨迹压缩算法[J].交通运输工程学报,20(4):227-236.

[64] 张治华,2010.基于GPS轨迹的出行信息提取研究[D].上海:华东师范大学.

[65] 赵梁滨,2019.基于AIS数据和循环神经网络的船舶轨迹异常检测[D].大连:大连海事大学.

[66] 赵帅兵,唐诚,梁山,等,2012.基于改进卡尔曼滤波的控制河段船舶航迹预测[J].计算机应用,32(11):3247-3250.

[67] 郑崇伟,2018.21世纪海上丝绸之路:风能资源详查[J].哈尔滨工程大学学报,39(1):16-22.

[68] 郑海林,胡勤友,杨春,等,2018.上海外高桥港区停泊船聚类分析与异常检测[J].地球信息科学学报,20(5):640-646.

[69] 郑振涛,2019.基于轨迹数据的船舶停留区域提取方法研究[D].北京:北方工业大学.

[70] 郑振涛,赵卓峰,王桂玲,等,2019.面向港口停留区域识别的船舶停留轨迹提取方法[J].计算机应用,39(1):113-117.

[71] 周成虎,欧阳,马廷,2009.地理格网模型研究进展[J].地理科学进展,28(5):657-662.

[72] 周素红,邓丽芳,2010.基于T-GIS的广州市居民日常活动时空关系[J].地理学报,65(12):1454-1463.

[73] 周晓英,张璐,2018.基于活动理论的非线性信息搜寻行为模型研究[J].图书情报知识,1:4-15.

[74] ADLAND R,JIA H Y,STRANDENES S P,2017. Are AIS-based trade volume estimates reliable? The case of crude oil exports[J]. Maritime policy and management,44(5):657-665.

[75] AMARAL L A N,OTTINO J M,2004. Complex networks[J]. The European physical journal B:condensed matter,38(2):147-162.

[76] ARGUEDAS V,PALLOTTA G,VESPE M,2017. Maritime traffic networks:from historical positioning data to unsupervised maritime traffic monitoring[J]. IEEE transactions on intelligent transportation systems,19(3):722-732.

[77] BARABÁSI A L,2009. Scale-free networks:a decade and beyond[J]. Science,325(5939):412-413.

[78] BEATH C,BECERRA-FERNANDEZ I,ROSS J,et al,2012. Finding value in the information explosion[J]. MIT sloan management review,53(4):18-20.

[79] BENEDEK J,CIOBANU S M,MAN T C,2016. Hotspots and social

background of urban traffic crashes: a case study in Cluj-Napoca (Romania)[J]. Accident analysis and prevention, 87:117-126.

[80] BLONDEL V D, GUILLAUME J L, LAMBIOTTE R, et al, 2008. Fast unfolding of communities in large networks[J]. Computer science, 2008(3):10008.

[81] BOGORNY V, RENSO C, DE AQUINO A R, et al, 2014. CONSTAnT: a conceptual data model for semantic trajectories of moving objects[J]. Transactions in GIS, 18(1):66-88.

[82] BOLANOS M, BERNAT E M, HE B, et al, 2013. A weighted small world network measure for assessing functional connectivity[J]. Journal of neuroscience methods, 212(1):133-142.

[83] BONDY J A, MURTY U S R, 1976. Graph theory with applications [M]. London: Macmillan Education.

[84] BRANDES U, ROBINS G, MCCRANIE A, et al, 2013. What is network science? [J]. Network science, 1(1):1-15.

[85] BREIMAN L, 2001. Random forests[J]. Machine learning, 45(1):5-32.

[86] BRUSCH S, LEHNER S, FRITZ T, et al, 2011. Ship surveillance with TerraSAR-X[J]. IEEE transactions on geoscience and remote sensing, 49(3):1092-1103.

[87] CABRAL R B, MAYORGA J, CLEMENCE M, et al, 2018. Rapid and lasting gains from solving illegal fishing[J]. Nature ecology and evolution, 2(4):650-658.

[88] CAO H P, MAMOULIS N, CHEUNG D W, 2007. Discovery of periodic patterns in spatiotemporal sequences[J]. IEEE transactions on knowledge and data engineering, 19(4):453-467.

[89] CAO W Q, LI Y Z, 2017. DOTS: an online and near-optimal trajectory simplification algorithm[J]. Journal of systems and software, 126:34-44.

[90] CAO X, CONG G, JENSEN C S, 2010. Mining significant semantic locations from GPS data[J]. Proceedings of the VLDB endowment, 3(1/2):1009-1020.

[91] CARSON-JACKSON J, 2012. Satellite AIS-developing technology or existing capability? [J]. Journal of navigation, 65(2):303-321.

[92] CHEN B,LI J S,WU X F,et al,2018. Global energy flows embodied in international trade: a combination of environmentally extended input-output analysis and complex network analysis[J]. Applied energy,210: 98-107.

[93] CHEN D S,ZHANG Y,LANG J L,et al,2019. Evaluation of different control measures in 2014 to mitigate the impact of ship emissions on air quality in the Pearl River Delta,China[J]. Atmospheric environment, 216:116911.

[94] CHEN J H,LU F,PENG G J,2015. A quantitative approach for delineating principal fairways of ship passages through a strait[J]. Ocean engineering,103:188-197.

[95] CHENG L,YAN Z J,XIAO Y J,et al,2019. Using big data to track marine oil transportation along the 21st-century Maritime Silk Road [J]. Science China technological sciences,62(4):677-686.

[96] DE SOUZA E N,BOERDER K,MATWIN S,et al,2016. Improving fishing pattern detection from satellite AIS using data mining and machine learning[J]. PLoS one,11(7):0158248.

[97] DUCRUET C,2017. Multilayer dynamics of complex spatial networks: the case of global maritime flows (1977—2008)[J]. Journal of transport geography,60:47-58.

[98] ENGESTRÖM Y,2001. Expansive learning at work:toward an activity theoretical reconceptualization[J]. Journal of education and work,14 (1):133-156.

[99] ETTEMA D,2018. Apps,activities and travel:an conceptual exploration based on activity theory[J]. Transportation,45(2):273-290.

[100] EUCKER W,2012. A geospatial analysis of Arctic marine traffic[D]. Cambridge,East of England,UK:University of Cambridge.

[101] FENG Z N,ZHU Y M,2016. A survey on trajectory data mining:techniques and applications[J]. IEEE access,4:2056-2067.

[102] FIORINI M,CAPATA A,BLOISI D,2016. AIS data visualization for maritime spatial planning (MSP)[J]. International journal of e-navigation and maritime economy,5:45-60.

[103] FORTI N,MILLEFIORI L M,BRACA P,2019. Unsupervised extrac-

tion of maritime patterns of life from Automatic Identification System data[C]//OCEANS 2019-Marseille. June 17-20, 2019, Marseille, France. IEEE:1-5.

[104] FREEMAN L C,1977. A set of measures of centrality based on betweenness[J]. Sociometry,40(1):35.

[105] FURTADO A S,KOPANAKI D,ALVARES L O,et al,2016. Multidimensional similarity measuring for semantic trajectories[J]. Transactions in GIS,20(2):280-298.

[106] GIANNOTTI F,NANNI M,PINELLI F,et al,2007. Trajectory pattern mining[C]//Proceedings of the 13th ACM SIGKDD international conference on Knowledge discovery and data mining. August 12-15, 2007,San Jose,California,USA. New York:ACM:330-339.

[107] GIRVAN M,NEWMAN M J,2002. Community structure in social and biological networks[J]. Proceedings of the national academy of sciences of the United States of America,99(12):7821-7826.

[108] GOERLANDT F,KUJALA P,2011. Traffic simulation based ship collision probability modeling[J]. Reliability engineering and system safety,96(1):91-107.

[109] GONG P,LIU H,ZHANG M N,et al,2019. Stable classification with limited sample:transferring a 30 m resolution sample set collected in 2015 to mapping 10 m resolution global land cover in 2017[J]. Science bulletin,64(6):370-373.

[110] GUARE J,1990. Six degrees of separation:a play[M]. New York: Random House.

[111] GUNNAR AARSETHER K,MOAN T,2009. Estimating navigation patterns from AIS[J]. Journal of navigation,62(4):587-607.

[112] HABTEMARIAM B,THARMARASA R,MCDONALD M,et al, 2015. Measurement level AIS/radar fusion[J]. Signal processing,106: 348-357.

[113] HÄGERSTRAAND T,1970. What about people in regional science? [J]. Papers in regional science,24(1):7-24.

[114] HAN H,GUO X L,YU H,2017. Variable selection using Mean Decrease Accuracy and Mean Decrease Gini based on Random Forest

[C]//2016 7th IEEE International Conference on Software Engineering and Service Science (ICSESS). August 26-28,2016,Beijing. IEEE：219-224.

[115] HARATI-MOKHTARI A,WALL A,BROOKS P,et al,2007. Automatic identification system (AIS)：data reliability and human error implications[J]. Journal of navigation,60(3)：373-389.

[116] HEYES A,LEACH A,MASON C F,2018. The economics of Canadian oil sands[J]. Review of environmental economics and policy,12(2)：242-263.

[117] HUANG Y,LI Y,ZHANG Z F,et al,2020. GPU-accelerated compression and visualization of large-scale vessel trajectories in maritime IoT industries[J]. IEEE internet of things journal,7(11)：10794-10812.

[118] HUMPHRIES M D,GURNEY K,2008. Network "small-worldness"：a quantitative method for determining canonical network equivalence[J]. PLoS one,3(4)：0002051.

[119] HWANG J I,JUNG H S,2018. Automatic ship detection using the artificial neural network and support vector machine from X-band sar satellite images[J]. Remote sensing,10(11)：1799.

[120] JALKANEN J P,BRINK A,KALLI J,et al,2009. A modelling system for the exhaust emissions of marine traffic and its application in the Baltic Sea area[J]. Atmospheric chemistry and physics,9(23)：9209-9223.

[121] JALKANEN J P,JOHANSSON L,KUKKONEN J,2016. A comprehensive inventory of ship traffic exhaust emissions in the European Sea areas in 2011[J]. Atmospheric chemistry and physics,16(1)：71-84.

[122] JIA H Y,SMITH T,PRAKASH V,2019. Estimating vessel payloads in bulk shipping using AIS data[J]. International journal of shipping and transport logistics,11(1)：25.

[123] JIA X L,AN H Z,SUN X Q,et al,2017. Evolution of world crude oil market integration and diversification：a wavelet-based complex network perspective[J]. Applied energy,185：1788-1798.

[124] KALUZA P,KÖLZSCH A,GASTNER M T,et al,2010. The complex

network of global cargo ship movements[J]. Journal of the royal society interface,7(48):1093-1103.

[125] KANJIR U,GREIDANUS H,OŠTIR K,2018. Vessel detection and classification from spaceborne optical images:a literature survey[J]. Remote sensing of environment,207:1-26.

[126] KEOGH E,CHU S,HART D,et al,2002. An online algorithm for segmenting time series[C]//Proceedings 2001 IEEE International Conference on Data Mining. November 29-December 2,2001,San Jose,CA,USA. IEEE:289-296.

[127] KIM K,JEONG J S,PARK G K,2014. Development of a gridded maritime traffic DB for e-navigation[J]. International journal of e-navigation and maritime economy,1:39-47.

[128] KIM Y,YUN C,PARK S B,et al,2008. An integrated model of supply network and production planning for multiple fuel products of multisite refineries[J]. Computers and chemical engineering,32(11):2529-2535.

[129] KNAPP K R,KRUK M C,LEVINSON D H,et al,2010. The international best track archive for climate stewardship (IBTrACS)[J]. Bulletin of the American meteorological society,91(3):363-376.

[130] KROODSMA D A,MAYORGA J,HOCHBERG T,et al,2018. Tracking the global footprint of fisheries[J]. Science,359(6378):904-908.

[131] LEE J G,HAN J W,WHANG K Y,2007. Trajectory clustering:a partition-and-group framework[C]//Proceedings of the 2007 ACM SIGMOD international conference on Management of data. June 11-14,2007,Beijing,China. New York:ACM:593-604.

[132] LI D,WANG S,LI D,2015. Spatial data mining[M]. Berlin,Heidelberg:Springer Berlin Heidelberg.

[133] LI H H,LIU J X,WU K F,et al,2018a. Spatio-temporal vessel trajectory clustering based on data mapping and density[J]. IEEE access,6:58939-58954.

[134] LI W F,MEI B,SHI G Y,2018b. Automatic recognition of marine traffic flow regions based on kernel density estimation[J]. Journal of marine science and technology,26(1):84-91.

[135] LI Z H,HAN J W,JI M,et al,2011. MoveMine[J]. ACM transactions on intelligent systems and technology,2(4):1-32.

[136] LIU J X,LI H H,YANG Z L,et al,2019a. Adaptive Douglas-Peucker algorithm with automatic thresholding for AIS-based vessel trajectory compression[J]. IEEE access,7:150677-150692.

[137] LIU Q,ZHANG C Y,ZHU K R,et al,2014. Novel multi-objective resource allocation and activity scheduling for fourth party logistics[J]. Computers and operations research,44:42-51.

[138] LIU Z H,WU Z L,ZHENG Z Y,2019b. A novel framework for regional collision risk identification based on AIS data[J]. Applied ocean research,89:261-272.

[139] LUO T,ZHENG X W,XU G L,et al,2017. An improved DBSCAN algorithm to detect stops in individual trajectories[J]. ISPRS international journal of geo-information,6(3):63.

[140] MAZIMPAKA J,TIMPF S,2016. Trajectory data mining:a review of methods and applications[J]. Journal of spatial information science (13):61-99.

[141] MAZZARELLA F,ARGUEDAS V F,VESPE M,2015. Knowledge-based vessel position prediction using historical AIS data[C]//2015 Sensor Data Fusion:Trends,Solutions,Applications (SDF). October 6-8,2015,Bonn,Germany. IEEE:1-6.

[142] MENG Q B,YU X Q,YAO C L,et al,2017. Improvement of OPW-TR algorithm for compressing GPS trajectory data[J]. Journal of information processing systems,13(3):533-545.

[143] MERATNIA N,DE BY R A,2004. Spatiotemporal compression techniques for moving point objects[M]//Advances in Database Technology-EDBT 2004. Berlin,Heidelberg:Springer Berlin Heidelberg:765-782.

[144] MILLER H J,1991. Modelling accessibility using space-time prism concepts within geographical information systems[J]. International journal of geographical information systems,5(3):287-301.

[145] MITRA R,2013. Independent mobility and mode choice for school transportation:a review and framework for future research[J]. Transport reviews,33(1):21-43.

[146] MUNIZAGA M A, PALMA C, 2012. Estimation of a disaggregate multimodal public transport Origin-Destination matrix from passive smartcard data from Santiago, Chile[J]. Transportation research part C: emerging technologies, 24: 9-18.

[147] NANNI M, TRASARTI R, RENSO C, et al, 2010. Advanced knowledge discovery on movement data with the GeoPKDD system[C]// Proceedings of the 13th International Conference on Extending Database Technology. March 22-26, 2010, Lausanne, Switzerland. New York: ACM: 693-696.

[148] NATALE F, GIBIN M, ALESSANDRINI A, et al, 2015. Mapping fishing effort through AIS data[J]. PLoS one, 10(6): 0130746.

[149] NEGRE C F A, MORZAN U N, HENDRICKSON H P, et al, 2018. Eigenvector centrality for characterization of protein allosteric pathways[J]. Proceedings of the national academy of sciences of the United States of America, 115(52): 12201-12208.

[150] NEWMAN M E J, GIRVAN M, 2004. Finding and evaluating community structure in networks[J]. Physical review E, 69(2): 026113.

[151] NEWMAN M E J, 2012. Communities, modules and large-scale structure in networks[J]. Nature physics, 8(1): 25-31.

[152] NEWMAN M E J, 2006. Modularity and community structure in networks[J]. Proceedings of the national academy of sciences of the United States of America, 103(23): 8577-8582.

[153] NEWMAN M E J, 2003. The structure and function of complex networks[J]. SIAM review, 45(2): 167-256.

[154] NOGUEIRA T P, CELES C, MARTIN H, et al, 2018. A statistical method for detecting move, stop, and noise: a case study with bus trajectories[J]. Journal of information and data management, 9(3): 214.

[155] ORD J K, GETIS A, 1995. Local spatial autocorrelation statistics: distributional issues and an application[J]. Geographical analysis, 27(4): 286-306.

[156] PALLA G, DERÉNYI I, FARKAS I, et al, 2005. Uncovering the overlapping community structure of complex networks in nature and society[J]. Nature, 435(7043): 814-818.

[157] PALLOTTA G,VESPE M,BRYAN K,2013. Vessel pattern knowledge discovery from AIS data:a framework for anomaly detection and route prediction[J]. Entropy,15(12):2218-2245.

[158] PAPI F,TARCHI D,VESPE M,et al,2015. Radiolocation and tracking of automatic identification system signals for maritime situational awareness[J]. IET radar,sonar and navigation,9(5):568-580.

[159] PARENT C, SPACCAPIETRA S, RENSO C, et al, 2013. Semantic trajectories modeling and analysis[J]. ACM computing surveys,45(4):1-32.

[160] PENG P,CHENG S F,CHEN J H,et al,2018. A fine-grained perspective on the robustness of global cargo ship transportation networks [J]. Journal of geographical sciences,28(7):881-889.

[161] PENG P, YANG Y, CHENG S F, 2019. Hub-and-spoke structure: characterizing the global crude oil transport network with mass vessel trajectories[J]. Energy,168:966-974.

[162] POTAMIAS M,PATROUMPAS K,SELLIS T,2006. Sampling trajectory streams with spatiotemporal criteria[C]//18th International Conference on Scientific and Statistical Database Management (SSDBM'06). July 3-5,2006,Vienna. IEEE:275-284.

[163] QI S X,MA J,LIN J,et al,2015. Unsupervised ship detection based on saliency and S-HOG descriptor from optical satellite images[J]. IEEE geoscience and remote sensing letters,12(7):1451-1455.

[164] RICHTER K F, SCHMID F, LAUBE P, 2012. Semantic trajectory compression:representing urban movement in a nutshell[J]. Journal of spatial information science,4:3-30.

[165] RISTIC B,LA SCALA B,MORELANDE M,et al,2008. Statistical analysis of motion patterns in AIS data:anomaly detection and motion prediction[C]//2008 11th International Conference on Information Fusion:558-564.

[166] SAALFELD A,1999. Topologically consistent line simplification with the Douglas-Peucker algorithm[J]. Cartography and geographic information science,26(1):7-18.

[167] SCHMID F, RICHTER K F, LAUBE P, 2009. Semantic trajectory

compression[M]//Advances in spatial and temporal databases. Berlin, Heidelberg:Springer Berlin Heidelberg:411-416.

[168] SEOANE M J F,LAXE F G,MONTES C P,2013. Foreland determination for containership and general cargo ports in Europe (2007—2011)[J]. Journal of transport geography,30:56-67.

[169] SPACCAPIETRA S,PARENT C,DAMIANI M L,et al,2008. A conceptual view on trajectories[J]. Data and knowledge engineering,65(1):126-146.

[170] SVANBERG M,SANTÉN V,HÖRTEBORN A,et al,2019. AIS in maritime research[J]. Marine policy,106:103520.

[171] TIAGO C,MARCUS F,ANDRY R,et al,2017. Understanding urban rail in-vehicle activities:an activity theory approach[J]. Transportation research part F:traffic psychology and behaviour,46:70-86.

[172] TU E M,ZHANG G H,RACHMAWATI L,et al,2018. Exploiting AIS data for intelligent maritime navigation:a comprehensive survey from data to methodology[J]. IEEE transactions on intelligent transportation systems,19(5):1559-1582.

[173] VARLAMIS I,TSERPES K,SARDIANOS C,2018. Detecting search and rescue missions from AIS data[C]//2018 IEEE 34th International Conference on Data Engineering Workshops (ICDEW). April 16-20,2018,Paris,France. IEEE:60-65.

[174] VESPE M,GIBIN M,ALESSANDRINI A,et al,2016. Mapping EU fishing activities using ship tracking data[J]. Journal of maps,12(1):520-525.

[175] VETTOR R,GUEDES SOARES C,2015. Detection and analysis of the main routes of voluntary observing ships in the North Atlantic [J]. Journal of navigation,68(2):397-410.

[176] WANG G L,MENG J L,HAN Y B,2019. Extraction of maritime road networks from large-scale AIS data[J]. IEEE access,7:123035-123048.

[177] WANG M G,TIAN L X,DU R J,2016. Research on the interaction patterns among the global crude oil import dependency countries:a complex network approach[J]. Applied energy,180:779-791.

[178] WANG S,YANG D,LU J,2018. A connectivity reliability-cost approach

for path selection in the maritime transportation of China's crude oil imports[J]. Maritime policy and management,45(5):567-584.

[179] WEN Y Q,ZHANG Y M,HUANG L,et al,2019. Semantic modelling of ship behavior in harbor based on ontology and dynamic Bayesian network[J]. ISPRs international journal of geo-information,8(3):107.

[180] WILSON T D,2006. A re-examination of information seeking behaviour in the context of activity theory[J]. Information research:an international electronic journal,11(4):260.

[181] WU L,XU Y J,WANG Q,et al,2017. Mapping global shipping density from AIS data[J]. Journal of navigation,70(1):67-81.

[182] XIAO F L,LIGTERINGEN H,VAN GULIJK C,et al,2015. Comparison study on AIS data of ship traffic behavior[J]. Ocean engineering,95:84-93.

[183] XIAO Y J,CHEN Y M,LIU X Q,et al,2020. Oil flow analysis in the maritime Silk Road region using AIS data[J]. ISPRS international journal of geo-information,9(4):265.

[184] YAN X Y,WANG W X,GAO Z Y,et al,2017. Universal model of individual and population mobility on diverse spatial scales[J]. Nature communications,8:1639.

[185] YAN Z J,XIAO Y J,CHENG L,et al,2020a. Analysis of global marine oil trade based on automatic identification system (AIS) data[J]. Journal of transport geography,83:102637.

[186] YAN Z J,XIAO Y J,LIANG C,et al,2020b. Exploring AIS data for intelligent maritime routes extraction[J]. Applied ocean research,101:102271.

[187] YANG Y,POON J P H,LIU Y,et al,2015. Small and flat worlds:a complex network analysis of international trade in crude oil[J]. Energy,93:534-543.

[188] YING J J C,LEE W C,TSENG V S,2013. Mining geographic-temporal-semantic patterns in trajectories for location prediction[J]. ACM transactions on intelligent systems and technology,5(1):1-33.

[189] YU H C,FANG Z X,LU F,et al,2019. Impact of oil price fluctuations on tanker maritime network structure and traffic flow changes[J]. Ap-

plied energy,237:390-403.

[190] ZHANG L Y,MENG Q,2019. Big AIS data based spatial-temporal analyses of ship traffic in Singapore port waters[J]. Transportation research part E:logistics and transportation review,129:287-304.

[191] ZHANG W B,GOERLANDT F,KUJALA P,et al,2016. An advanced method for detecting possible near miss ship collisions from AIS data [J]. Ocean engineering,124:141-156.

[192] ZHANG X Z,CHEN Y M,LI M C,2018. Research on geospatial association of the urban agglomeration around the South China Sea based on marine traffic flow[J]. Sustainability,10(9):3346.

[193] ZHAO L B,SHI G Y,YANG J X,2018a. Ship trajectories pre-processing based on AIS data[J]. Journal of navigation,71(5):1210-1230.

[194] ZHAO L B,SHI G Y,2018b. A method for simplifying ship trajectory based on improved Douglas-Peucker algorithm[J]. Ocean engineering, 166:37-46.

[195] ZHAO L B,SHI G Y,2019. A trajectory clustering method based on Douglas-Peucker compression and density for marine traffic pattern recognition[J]. Ocean engineering,172:456-467.

[196] ZHEN R,JIN Y X,HU Q Y,et al,2017. Maritime anomaly detection within coastal waters based on vessel trajectory clustering and Naïve Bayes classifier[J]. Journal of navigation,70(3):648-670.

[197] ZHENG Y,2015. Trajectory data mining[J]. ACM Transactions on intelligent systems and technology,6(3):1-41.

[198] ZHONG W Q,AN H Z,SHEN L,et al,2017. Global pattern of the international fossil fuel trade:the evolution of communities[J]. Energy, 123:260-270.

[199] ZHOU Y,DAAMEN W,VELLINGA T,et al,2019. Ship classification based on ship behavior clustering from AIS data[J]. Ocean engineering,175:176-187.